Palabras Duras

Ediciones SIEMBRA

Ediciones SIEMBRA
es una colección de libros en idioma español que
publica Pandora Press bajo la dirección editorial
del Dr. Daniel S. Schipani. Es una contribución
al ministerio educativo en América Latina y el
Caribe, América del Norte, y España.

Palabras duras
– homilías –

Pedro A Sandín Fremaint
con los comentarios de
Pablo A. Jiménez

Ediciones SIEMBRA

Publicado por
Pandora Press

National Library of Canada Cataloguing in Publication Data

Sandín Fremaint, Pedro A., 1949-
  Palabras Duras: homilías

(Ediciones siembra, ISSN 1496-7812)
Includes bibliographical referernces.
ISBN 1-894710-17-7

  1. Church and social problems—Sermons. 2. Sermons,
Spanish. I. Jiménez, Pablo A. II. Title. III. Series.

BV4254.S6S26 2001   261.8'3   C2001-902860-1

Pandora Press
33 Kent Avenue
Kitchener, ON
N2G 3R2
CANADA   Teléfono/Fax: (519) 578-2381
              www.pandorapress.com

Diseño de la portada: Mary E. Klassen
Diseño y tipografía: Nathan Stark

ISBN 1-894710-17-7

10 09 08 07 06 05 04 03 02 01   12 11 10 9 8 7 6 5 4 3 2 1

"Dura es esta palabra; ¿quién la puede oír?"

Juan 6: 60b

En memoria de mi padre

Pedro A. Sandín del Manzano

porque me permitió vislumbrar el amor incondicional de Dios

y

para mi esposa

Ana Álvarez de Sandín

porque hace salir el sol en nuestra vida

Contenido

Agradecimientos

Son muchas las personas con quienes tengo una deuda de gratitud vinculada a la gestación y publicación de este libro. Daniel Schipani me invitó a escribirlo como parte de un ambicioso proyecto editorial que incluye varias obras de colegas hispanos. Pablo A. Jiménez, a su vez, aceptó mi invitación a acompañarme en la aventura, haciéndose cargo de la parte didáctica del libro. Carmen Lugo Filippi leyó el manuscrito y me hizo perspicaces recomendaciones. Mi prima, Nilsa Sandín de McAdams, también leyó las homilías y me dio su sabio apoyo a lo largo del camino.

Mi amigo y pastor, César R. Maurás, me permitió ensayar los sermones desde el púlpito de la Primera Iglesia Bautista de Caguas; y la iglesia los escuchó con gran indulgencia.

Por último, mi esposa, Annie, me estimuló a seguir adelante y me brindó la morada de solidaridad y de afecto sin la cual no me sería posible escribir.

A todos ustedes, gracias.

Presentación

Hay muchas formas de definir los ministerios cristianos—tales como la predicación y la enseñanza—en terminos generales. Una de mis favoritas es ésta: los ministerios consisten en el arte de promover y hacer accesible el emerger humano, o sea el auténtico crecimiento o humanización, según la norma que es Jesucristo. En otras palabras, ejercer ministerios tales como el de la predicación y la enseñanza, implica nada menos que colaborar con el Espíritu Santo en la formación y transformación de vidas a la luz del evangelio del reino de Dios. Sabemos que tal bendición es, por cierto, una dádiva divina; en las palabras del apóstol Pablo, es Dios quien da el crecimiento y nosotros somos sus compañeras y compañeros de trabajo (I Corintinos 3: 5-9).

Semejante privilegio y responsabilidad requieren, desde luego, el discernimiento cuidadoso de nuestro llamamiento y el cultivo de nuestra propia espiritualidad en el marco de la comunidad de fe. Pero también requieren la disciplina del estudio y de la práctica orientada a desarrollar ministerios cada vez mas pertinentes y fructíferos. Y todo eso a su vez se nutre con recursos valiosos, como lo son los buenos libros. Por esto es un gusto para mí presentar y recomendar esta obra del Dr. Pedro A. Sandín Fremaint, escrita con la colaboración del Rdo. Pablo A. Jiménez. El titulo, Palabras duras, alude al texto del Evangelio según San Juan 6: 60b, el cual forma parte de la base bíblica del primer sermón. En total, encontramos ocho ensayos correspondientes a tantas homilías creadas a partir de diversos pasajes de los evangelíos. En cada una de ellas, se nos confronta con algún aspecto del ministerio de Jesús que representa un serio desafío a favor del discipulado, y que reclama decisión. Se nos invita respetuosamente a escuchar de nuevo las «palabras duras» de Jesús más allá de nuestra búsqueda natural de comodidad religiosa, de modo que tengamos acceso al verdadero sosiego espiritual que necesitamos y que el Señor anhela concedernos.

Cada ensayo va acompañado de una sección de comentarios, a cargo del Rdo. Jiménez, cuyo fin es destacar aquellos aspectos del sermón que deben tomarse en cuenta en situaciones de enseñanza-aprendizaje, tales como el método homilético, la critica bíblica y teológica, los aspectos pastorales, y la espiritualidad y la fe. De modo que el libro se ha concebido con el doble propósito de proveer alimento espiritual y asistencia para la formación y el crecimiento ministerial en las areas de la predicaciòn y la enseñanza particularamente. Por lo tanto, esta obra puede utilizarse con provecho en cursos de homilética en seminarios e institutos bíblicos, así como en otros contextos de educación cristiana con jóvenes y adultos. En vista de tal doble propósito, la temática de los sermones es propia para el cultivo de la fe, de suerte que los estudiantes—seminaristas u otros alumnos cristianos—al reflexionar sobre los sermones desde una perspectiva metodológica, también pueden ser impactados por su contenido. Pocas veces encontramos tanta riqueza en un llbro tan accesible.

Según el evangelista, las «palabras duras» de Jesus resultaron ser, en la expresión memorable de Pedro, palabras de vida eterna (Juan 6:68). Permita Dios que esas palabras moren en nuestro ser de modo que seamos de verdad discípulas y discípulos del Señor y llevemos mucho fruto, con alegría y con esperanza.

Daniel S. Schipani, Elkhart, Indiana
15 de septiembre, 2001.

¿Creo o no creo?:
las vicisitudes de la fe
Juan 6: 25-69

¿También ustedes quieren irse?
Juan 6: 67b

"¿Qué es la verdad?" le pregunta Pilato a Jesús sin esperar respuesta alguna (Juan 18:38).

La escena nos parece trillada. Hemos visto varias versiones fílmicas de *La muerte y pasión* y nos sabemos de memoria el libreto. Acuden a nuestra mente imágenes ridículas de don Poncio Pilato envuelto en su túnica romana, con voz afeminada y rostro sibarítico, intentando salir del apuro en que lo han metido los judíos.

¿Cómo se puede ser tan ciego como para preguntar por la verdad cuando se está de frente a la Verdad? ¿Cómo es posible —nos preguntamos— que Pilato no se percate de que tiene ante sus ojos al Hijo de Dios? Si no fuera por la amenaza de muerte y tortura que se cierne sobre Jesús, su desencuentro con Pilato nos parecería gracioso. Se asemeja al cegato de Mister Magú, este señor, don Poncio, incapaz de ver lo que nosotros vemos con tanta claridad: que Jesús mismo, el hombre de carne y hueso que tiene ante sus ojos, es "el camino, la verdad y la vida" (Juan 14:6).

"¡A este señor no hay quien lo entienda!" comentan muchos de los seguidores de Jesús al escuchar sus provocadoras enseñanzas sobre el pan de vida (Juan 6: 60). Ya no se trata de Pilato, el gobernador romano encerrado en su palacio y ajeno al ministerio de Jesús, sino de aquellos que habían seguido al Maestro, aquellos que habían sido testigos oculares de sus milagros y que habían escuchado sus palabras luminosas. Y añade la Escritura que "muchos de sus discípulos volvieron atrás, y ya no andaban con él" (Juan 6: 66).

¿Cómo es posible —nos volvemos a preguntar— que aquellas personas que lo habían conocido y lo habían seguido por los caminos de Judea, Samaria y Galilea, aquellas personas que habían visto con sus propios ojos la gloria del Dios supremo obrando en Jesús, pudiesen ser tan ciegos como para darle la espalda y abandonarlo?

La pregunta de Jesús a los doce discípulos, sus amigos más íntimos, es perentoria: "¿También ustedes quieren irse?" (Juan 6: 67). Es para nosotros esa pregunta, para nosotros que queremos ser amigos del Señor: "¿también ustedes quieren irse?", nos pregunta Jesús, "¿también ustedes quieren darme la espalda y tomar otro camino?"

Antes de considerar respuesta alguna, detengámonos a reflexionar sobre lo que está detrás de la pregunta de Jesús. El comentario de los discípulos que deciden abandonar al Maestro es muy interesante: "Dura es esta palabra; ¿quién la puede oír?", afirman. Le dan la espalda a su maestro porque han llegado a la conclusión de que las enseñanzas de Jesús son duras, incomprensibles, insoportables al oído, difíciles de tragar. ¿Es verdaderamente tan extraño este veredicto? ¿Acaso es fácil creer? ¿Acaso no es cierto que la fe entraña serias dificultades?

Les propongo la siguiente tesis: el evangelio de Juan procura confrontarnos precisamente con las dificultades de la fe y con la ironía de que el mundo no haya reconocido a aquél por medio de quien Dios hizo el mundo (Juan 1: 10). Juan se propone ayudarnos a comprender lo que parecería incomprensible: que casi todas las personas que conocieron a Jesús terminaron por darle la espalda. Consideremos la evidencia.

Las primeras palabras del evangelio de Juan nos refieren de inmediato al comienzo de todas las cosas:

En el principio era el Verbo, y el Verbo era con Dios y el Verbo era Dios . . . . Todas las cosas por él fueron hechas, y sin él nada de lo que ha sido hecho, fue hecho. En él estaba la vida, y la vida era la luz de la humanidad (Juan 1: 1, 3-4).

Comienza el evangelio con una franca declaración de hechos: con la identificación de Jesús como el Verbo o la Palabra de Dios, por un lado, y como la vida y la luz de la humanidad, por el otro lado. A renglón seguido, el evangelista plantea los términos de la ironía que ha de servir de hilo conductor en su relato: "A lo suyo vino", nos dice Juan, "y los suyos no le recibieron" (Juan 1: 11). Aquél ante quien la humanidad entera debió haberse postrado sin titubeos, reconociéndolo como su creador, se topa más bien con un complejo tejido de incredulidad.

Pero el evangelista no se limita a denunciar la incredulidad de los que no supieron recibir a Jesús, sino que también demuestra la superficialidad de la fe de quienes lo recibieron. Es decir, la dificultad de creer tiene una doble dimensión. De entrada es difícil, como veremos, creer. Pero incluso cuando hemos *creído*, todavía es difícil lograr que nuestra fe penetre hasta la profundidad de la revelación en Cristo Jesús. Con el fin de ayudarnos a comprender este segundo nivel de dificultad en lo que concierne a la fe, permítanme une breve digresión sobre los signos.

En el evangelio de Juan, las obras portentosas de Jesús se presentan como *señales milagrosas*, es decir, como signos milagrosos que apuntan, más allá de sí mismos, a otra cosa. Todo signo se compone de dos elementos, un significante y un significado. Cuando yo digo la palabra "gato", el sonido que se produce al pronunciar la sílaba "ga" seguida de la sílaba "to" es el **significante**, mientras que el concepto o idea a que refiere la palabra —animal cuadrúpedo que maúlla y araña— es el **significado**. El significante es el elemento material, audible o visible del signo, mientras que el significado es el elemento conceptual. Lo mismo ocurre con cualquier otro signo. Si yo levanto la mano en este momento en gesto de saludo, como si acabara de ver a alguien entrar al templo, estaría empleando también un signo o señal. El movimiento particular del brazo y de la mano sería el significante, mientras que el significado sería el concepto o idea del saludo. Si, en vez, yo levantara la mano con la palma hacia mí, y les mostrara el dedo llamado del corazón, el significado de la señal cambiaría dramáticamente. Un pequeño cambio en el significante —la posición de mi mano— sería suficiente para que ustedes, con toda razón, me echaran de este santo lugar.

Piensen en otros signos o señales posibles: la luz roja del semáforo, o la luz verde, un beso en la mejilla, la palabra "caballeros" colocada contra una puerta. Todos estos signos tienen un aspecto material, el significante, y un aspecto conceptual, el significado.

Pero la cosa se complica un poco más. Ocurre que los significados pueden tener diversos niveles de profundidad. Por ejemplo, de acuerdo con el diccionario, la palabra "amor" posee varios significados que van desde la mera "atracción sexual" hasta ese complejo y profundo sentimiento que evocamos cuando hablamos del amor de madre o del amor de Dios. Si cada vez que leemos la palabra "amor" en los evangelios la comprendiéramos en términos sexuales, ciertamente cometeríamos un grave error. Lo que es más, si cada vez que la Biblia nos habla del amor de Dios en términos del amor paternal no sospecháramos que, referida a Dios, la palabra "amor" debe de poseer significados mucho más profundos que superan por mucho el amor de nuestros padres, estaríamos igualmente equivocados.

Más aún, los signos también pueden empobrecerse, agotarse, vaciarse de su significado y quedar reducidos a la cáscara de su significante. La navidad, paganizada por el afán de lucro del comercio, es ejemplo de un signo que, según lo experimenta la mayoría de la población, ha agotado su significado profundo para quedar reducido a la superficialidad de unas lucecitas rojas y verdes. Un signo agotado, vacío de su significado, es como esas fachadas de las películas de Hollywood, detrás de las cuales no queda nada.

Los evangelios, muy especialmente el evangelio de Juan, presentan las palabras y actos de Jesús como signos o señales que refieren a significados muy hondos y difíciles de captar intelectualmente en toda su profundidad. Podemos incluso afirmar que el evangelio de Juan es el relato de una equivocación tras otra, desembocando eventualmente en el terrible malentendido de todo un pueblo que reclama a Pilato la muerte de Jesús. La primera parte del evangelio, hasta el capítulo 12, muestra precisamente el proceso de revelación de Jesús por medio de sus palabras y señales milagrosas, acompañado de las diversas respuestas que suscitan sus palabras y sus actos. Veamos algunos ejemplos.

Poco después del milagro de la boda en Caná, la primera de las señales milagrosas narradas en el evangelio, el evangelista afirma que Jesús no confiaba en las personas que creían al ver sus señales milagrosas porque era capaz de penetrar en la interioridad de aquellas personas. "No necesitaba que nadie le dijera nada acerca de la gente", dice la Palabra, "pues él mismo conocía el corazón del ser humano" (Juan 2: 25).

Inmediatamente después se narra el encuentro de Jesús con Nicodemo. Como ocurrirá también más adelante en el encuentro con la mujer Samaritana, Nicodemo no es capaz de comprender el significado profundo de las palabras de Jesús. Para él "nacer de nuevo" sólo puede tener el significado literal de volver a entrar en el vientre de la madre (Juan 3: 4). Para la samaritana, el agua viva que le ofrece Jesús sólo puede referirse al agua que sale de un pozo (Juan 4: 1-12). Cuando, poco después, el oficial del rey se acerca a Jesús en Cafarnaúm para pedirle que sane a su hijo, Jesús aprovecha para hacerle un reproche a la gente que lo rodeaba: "Ustedes no creen," les dice, "si no ven señales y milagros" (Juan 4: 48).

Cuando Jesús realiza el milagro de dar de comer a la multitud, el evangelista comenta que la gente, al ver la señal milagrosa, decía: "De veras este es el profeta que había de venir al mundo" (Juan 6: 14). Pero, el versículo que sigue nos revela la superficialidad de esa fe provocada por el milagro de Jesús. El Señor huye a un lugar apartado porque se da cuenta de que querían llevárselo a la fuerza para hacerlo rey (Juan 6: 15). La gente persevera en su afán de encontrar a Jesús, pero cuando dan con él al otro lado del lago en Cafarnaúm, éste les dice: "Les aseguro que ustedes me buscan porque comieron hasta llenarse, y no porque hayan entendido las señales milagrosas" (Juan 6: 26). Lo que Jesús reprocha a aquellos que lo buscan es precisamente la superficialidad del significado que le atribuyen a los signos milagrosos. Estas personas han superado la primera dificultad de la fe. Han creído. Pero no han logrado superar la segunda dificultad, porque no han sabido discernir el significado profundo de las obras y palabras del Maestro.

Es este pecado de superficialidad precisamente lo que caracteriza a los fariseos y lo que hace que Jesús los critique tan severamente. Los fariseos habían reducido los signos sagrados de la religión de Israel a su sentido más literal y superficial. Visto desde el punto de vista farisaico, el sábado ya no era señal de la obra creadora y amorosa de Dios, sino un mezquino significante, tan agotado en el mero afán de prohibición que ya no tenía la capacidad de anunciar y celebrar su significado profundo. Por eso cuando Jesús sana al paralítico de Betzatá, lo único que los fariseos pueden ver es que había violado las prohibiciones del sábado. No tienen discernimiento espiritual. No tienen la capacidad de percibir, en la señal milagrosa de Jesús, la expresión del mismo amor creador que procuraba celebrar el sábado en cuanto institución religiosa. No nos sorprende, pues, que Jesús les reproche su superficialidad: "No juzguen por las apariencias" les advierte. "Cuando juzguen, háganlo con rectitud" (Juan 7: 24).

Este error de los fariseos llega a su colmo cuando Jesús, otra vez en día sábado, sana a un hombre ciego de nacimiento. Una vez más, el milagro del Señor es una señal que refiere a un significado profundo. Comprendida adecuadamente, esta señal milagrosa debería ayudarnos a entender mejor el sentido mismo del sábado como fiesta del amor creador y providencial de Dios. Pero los fariseos subvierten el orden cuando afirman que Jesús no puede ser de Dios, porque no respeta el sábado (Juan 9: 16). Es como si el significante, en su más cruda materialidad, usurpara el lugar de su significado. El sábado, signo del amor creador de Dios, se convierte aquí en ídolo impostor y en juez del Dios encarnado. Por fin podemos comprender que la superficialidad que Jesús nos reprocha es un problema muy serio, porque puede llevarnos incluso por el camino de la idolatría. Porque, ¿no es precisamente idolátrico reducir un signo sagrado a la cómoda mansedumbre de su significante?

Veamos un interesante ejemplo del empobrecimiento de un signo sagrado, tomado esta vez de la experiencia de la iglesia primitiva. Sabemos, gracias al testimonio del apóstol Pablo, que en la iglesia de Corinto había serios problemas con la Cena del Señor. Al parecer los hermanos de aquella iglesia habían reducido la Santa Cena a una mera ceremonia religiosa, en la cual participaban tranquilamente a pesar de que sus relaciones mutuas dejaban mucho que desear. El juicio de Pablo es severo: "El resultado de esas divisiones," les dice, "es que la cena que ustedes toman en sus reuniones ya no es realmente la Cena del Señor" (I Corintios 11: 20).

¿No será por ese mismo motivo que Juan no incluye en su evangelio la institución de la Cena del Señor? ¿No será por esa misma razón que el evangelista sustituye la institución de la Santa Cena por el lavatorio de los pies (Juan 13: 1-20)? Quizás los hermanos de la iglesia de Juan también habían comenzado a perder de vista el significado profundo de la Cena, permitiendo que el rito se convirtiera en un mero significante opaco y moribundo. Al parecer, Juan, al igual que Pablo, siente la necesidad de insistir en el significado de la comunión: no se trata de un mero rito que repetimos una y otra vez olvidados de su verdadero sentido, sino de una señal que apunta hacia la manera como debemos relacionarnos los unos con los otros. Juan sustituye el signo de la Santa Cena por el del lavatorio de los pies como señal precisamente del nuevo mandamiento que nos da el Señor:

Les doy este mandamiento nuevo: Que se amen los unos a los otros. Así como yo los amo a ustedes, así deben amarse ustedes los unos a los otros. Si se aman los unos a los otros, todo el mundo se dará cuenta de que son discípulos míos (Juan 13: 34-35).

No parece tan difícil comprender el significado de estas palabras. Sin embargo, la más primitiva inclinación humana es la de echar por la borda los significados para quedarnos con los significantes, como cascaritas vacías de toda profundidad, y prendérnoslos de la solapa o del bolsillo. Así como los fariseos observaban el sábado olvidados de su verdadero sentido, quizás nosotros también somos capaces de celebrar los ritos del cristianismo, tales como la Cena del Señor o el lavatorio de pies, perdiendo de vista su razón de ser.

Pero volvamos a la pregunta de Jesús: "¿Ustedes también quieren irse?" Y, una vez más, antes de considerar respuesta alguna, veamos lo que ha ocurrido poco antes de este momento decisivo en las vidas de aquellas personas.

Los versículos que preceden al pasaje que estamos considerando recogen una discusión entre Jesús, sus seguidores y los fariseos. "¿Qué debemos hacer," preguntan algunos, "para realizar las obras que Dios quiere que hagamos?" (Juan 6: 28). La respuesta de Jesús es contundente: "La única obra que Dios quiere es que crean en aquél que él ha enviado" (6: 29). Pero aquellas personas que llevaban buen tiempo observando el ministerio de Jesús, todavía no pueden tragarse sus enseñanzas. Le piden otra señal: "¿Qué señal puedes darnos, para que al verla te creamos? ¿Cuáles son tus obras?" Y añaden: "Nuestros antepasados comieron el maná en el desierto..." (6: 30-31).

Así se desata toda una discusión entre Jesús y su auditorio sobre el pan y la vida. Recordemos el pasaje. Una vez más, como en el caso de la samaritana, la gente comprende sólo el sentido literal de las palabras. Piden de ese pan que ha de calmar su hambre para siempre. Pero Jesús les contesta: "Yo soy el pan de vida. El que viene a mí nunca tendrá hambre; y el que cree en mí, nunca tendrá sed" (6: 35).

Los fariseos reaccionan escandalizados y se preguntan si el que está hablando no es el mismo hijo de doña María y de don José, como para que venga ahora con estos cuentos. Jesús, en vez de aclarar el significado de sus palabras, las hace todavía más oscuras y difíciles de aceptar para los judíos: "Les aseguro que si ustedes no comen la carne del Hijo del hombre y beben su sangre, no tendrán vida" (6: 53). Es necesario comprender que las Escrituras de Israel prohibían categóricamente el consumo de sangre (Génesis 9: 4, Levítico 3: 17; 17: 10, Deuteronomio 12: 23). ¡Y ni hablar del canibalismo! Las palabras de Jesús son deliberadamente escandalosas y provocadoras. No son palabras diseñadas para facilitar la fe. Es precisamente ante estas palabras que muchos de los que lo seguían llegan finalmente a la conclusión de que no hay quien se trague las enseñanzas de Jesús. Y se van. Lo abandonan. Toman otro rumbo. Y Jesús nos pregunta si nosotros también queremos seguir otro camino.

Pensémoslo bien antes de contestar. ¿Acaso comprendemos nosotros las palabras de Jesús, aquellas palabras difíciles y duras que muchos de sus contemporáneos no supieron comprender? ¿Acaso poseemos luces especiales que nos hacen más perspicaces que aquellos discípulos que optaron por seguir otro camino? ¿Somos capaces de captar el sentido más profundo de los signos y señales de Jesús? ¿O acaso nosotros también nos quedamos atrapados en la superficie de esos signos, incapaces de penetrar su significado?

No es fácil creer. No es fácil comprender las palabras de Jesús. No es fácil ver ni comprender la acción de Dios en el mundo. Vivimos rodeados del escándalo. No es fácil creer cuando leemos la prensa y constatamos el estado de cosas que nos rodea. No es fácil creer cuando nos sentimos desamparados ante la corrupción que carcome nuestras instituciones gubernamentales. No es fácil creer cuando presenciamos el sufrimiento de tantos miles de personas en lugares como Kosovo; cuando vemos el paisaje de Vieques reducido a un panorama lunar y a los viequenses convertidos en presa de enfermedades extrañas. No es fácil creer cuando no pasa un día sin que sepamos de otra criatura más, maltratada, violada, asesinada por sus propios padres. Y sentimos deseos de gritar: ¿dónde te escondes, oh Dios, para que pueda haber en el mundo tanta maldad?

No es fácil creer cuando vemos a la iglesia misma distraída por necias discusiones sobre coritos y panderetas; cuando vemos a la iglesia de Jesucristo embriagada de dogmas y de normas y de leyes, pero descuidada de los menesteres del corazón. No es fácil creer cuando vemos una iglesia obsesionada con los pecados de la sexualidad y acomodada a los del desamor. No es fácil creer cuando nos damos cuenta de que, dos mil años más tarde, seguimos jugando a los fariseos. No, hermanos y hermanas, no es fácil creer cuando la iglesia del Señor se muestra preocupada por los significantes de la fe y olvidada de sus significados. Ciertamente, la fe entraña serias dificultades. ¿Qué responderemos, pues? ¿Tomaremos nosotros también otro camino?

El apóstol Pedro responde por nosotros y por todas las personas de buena fe que se empeñan en seguir a Jesús: "¿A quién iremos, Señor? Tus palabras son palabras de vida eterna" (Juan 6: 68). ¿A quién iremos, Señor? Ciertamente el camino hacia Dios se nos presenta a veces incierto y sembrado de palabras duras, preguntas difíciles y terribles sospechas. Pero el camino lejos de Dios se nos muestra lleno de respuestas definitivas y de terribles certezas. Porque sabemos lo que hay lejos de Dios y no lo queremos, aunque puedan tentarnos algunos de sus señuelos. ¿A quién iremos, Señor? Porque ya hemos recorrido los caminos que conducen lejos de ti. ¿A quién iremos, Señor? Porque de esos caminos precisamente venimos, Señor, y sabemos que en ellos no hay palabras de vida eterna. Es por esos otros caminos que el mundo ha llegado a donde está, Señor, y nosotros deseamos un mundo diferente. No sabemos exactamente por dónde nos llevará el camino que tú nos trazas, pero sabemos muy bien a dónde conducen los otros rumbos. "¿A quién iremos, Señor? Tus palabras son palabras de vida eterna".

Permanecer en Jesús no es el fruto de una clara comprensión intelectual, sino de una comprensión espiritual. Ya lo decía San Anselmo, el gran teólogo medieval, cuando afirmaba que creía precisamente **para** comprender. En otras palabras, no es la razón la que nos da acceso a la fe, sino la fe la que nos permite comprender realidades que no caben en nuestro entendimiento. Permanecer en Jesús es, pues, el fruto del discernimiento espiritual ante la encrucijada con que nos topamos a cada momento de nuestra vida, ante los caminos y opciones que tenemos por delante.[1]

Creo o no creo. Es así de sencillo y así de difícil. Por eso no había señales milagrosas capaces de satisfacer la incredulidad de los fariseos. Por eso pedían siempre otra señal. Y por eso Jesús, ante la incredulidad de aquellos que lo cuestionan, afirma: "Por esto les he dicho que nadie puede venir a mí, si el Padre no se lo concede" (6: 65). La fe no está al alcance de la carne, de nuestra naturaleza. La fe se asume como un salto espiritual, de la misma forma que se asume el amor o la compasión o la solidaridad. Creo o no creo. Amo o no amo. Por eso Jesús, intuyendo el espíritu de aquellas personas, las provoca con su invitación a comer su carne y beber su sangre. Y por eso San Agustín, en sus homilías sobre el evangelio de Juan, afirmaba: "Cree, y has comido".[2] Cree y has masticado la carne de Jesús y bebido su sangre. Cree y has comprendido lo que jamás podrás comprender si procuras valerte sólo de la razón, y, peor aún, si procuras ocultar detrás de la razón, las verdaderas razones que te impiden tragarte las enseñanzas de Jesús.

Ante las vicisitudes de la fe, la invitación del Señor es muy clara: "¿También ustedes quieren irse?" Ojalá que cada uno de

---

[1] "Peter's answer is a genuine confession not only because in it he adopts Jesus' words as his own, but also because the faith that comes to expression in it reveals the awareness that Peter is confronting a radical choice: when life is at stake there is no other way to go than that of following Jesus." Herman Ridderbos, *The Gospel of John: A Theological Commentary* (Grand Rapids, MI: Eerdmans, 1997), 249.

[2] Homilías sobre Juan, 26.I.

nosotros, en lo más profundo de nuestra interioridad, sea capaz de responder, junto con Pedro: "¿Señor, a quién podemos ir? Tus palabras son palabras de vida eterna".

Para José Norat Rodríguez

Comentarios sobre el sermón
"¿Creo o no creo?: las vicisitudes de la fe"

Método homilético

"¿Creo o no creo?" es un excelente sermón expositivo sobre el evangelio según San Juan. Lo clasificamos como "expositivo" porque explora un aspecto del mensaje de una porción bíblica. Aunque la mayor parte de los sermones que se escuchan en nuestras iglesias locales se limitan a estudiar el significado de un par de versículos de la Escritura, los sermones expositivos pueden presentar el mensaje de porciones más largas. Se puede predicar en torno a un capítulo, a una sección de un documento o, sobre todo, un libro de la Biblia. De hecho, los sermones expositivos efectivos toman en cuenta la forma, la función y la estructura literaria del documento donde se encuentra el texto bíblico que intentan explicar.

En este caso, el sermón presenta el mensaje de Juan 6.25-69, usando el resto del evangelio como un telón de fondo. El mismo ofrece una teoría coherente sobre la estructura, el estilo y el mensaje de todo el documento. Por todas estas razones, podemos afirmar que este sermón ofrece una breve introducción a la teología del evangelio según San Juan.

Crítica bíblica y teológica

El evangelio de Juan es ciertamente el más enigmático de los cuatro relatos sobre la vida de Jesús que encontramos en el Nuevo Testamento. Mientras el "Jesús" descrito por Mateo, Marcos y Lucas parece accesible y hasta mundano, Juan lo presenta como un ser misterioso. El "Jesús joanino" es el "verbo" encarnado; es la presencia misma de Dios en nuestro medio. Esto explica por qué Juan no ofrece detalles sobre el nacimiento de Jesús. Dado que es el enviado de Dios, la "historia" de Jesús comienza al principio de su ministerio. También explica por qué Juan se limita a narrar siete "señales" milagrosas y por qué recoge las enseñanzas de Jesús en largos discursos. Juan —como los otros evangelistas— no escribe una biografía de Jesús, sino un largo testimonio de su divinidad que tiene como propósito llamar a la fe.

Sandín recoge el misticismo de Juan en su sermón. Entiende bien que para el escritor bíblico las preguntas son más importantes que las respuestas. Juan usa las preguntas para emplazar al lector o lectora a tomar una decisión de fe. Tanto la pregunta de Pilato ("¿Qué es la verdad?") como la de Jesús ("¿También ustedes quieren irse?") tienen el mismo efecto. Nos confrontan, obligándonos a tomar una posición sobre la divinidad de Jesús.

El sermón también abre una ventana al estilo literario de Juan. El predicador afirma que "el evangelio de Juan es el relato de una equivocación tras otra". Es decir, este evangelio parece una "comedia de errores". Esto es cierto. Si bien la mayor parte del evangelio de Juan narra el drama de la cruz, el texto está salpicado de ironía y de comedia; suficiente como para confrontarnos una vez más con el misterio de Jesús.

Aspectos pastorales

Un sermón puede tener varios propósitos. En este caso, este sermón tiene una clara vertiente educativa. Por un lado, el predicador pasea al o a la oyente por todo el evangelio, desde las bodas de Caná y la multiplicación del pan hasta la confrontación con Pilato en el cuartel del ejército romano en Jerusalén. En este sentido, podemos afirmar que el sermón fomenta la educación bíblica de la audiencia.

Por otro lado, el sermón explica algunos principios básicos de "semiótica": la teoría de la interpretación de los signos. Estos principios de lingüística son sumamente importantes para comprender la comunicación humana. De este modo, el sermón nos educa sobre "hermenéutica", el arte de interpretar textos.

Sin embargo, el propósito principal del sermón es llevar a la fe a la persona que lo escuche o lo lea. El mismo tiene una vertiente profética y misionera. Profética, porque confronta a los creyentes con el compromiso de fe que han hecho en el pasado. Misionera, porque llama a una fe que no teme enfrentar la duda y la incredulidad. Este tipo de mensaje es edificante y necesario.

Espiritualidad y fe

Es precisamente este último aspecto lo que hace que el sermón sea tan provechoso para el desarrollo en la fe y la espiritualidad del o de la oyente. Como afirma el predicador, la fe es un verdadero misterio. Hasta la persona más madura en la fe tiene momentos de duda e incredulidad. Hace unos años, uno de mis estudiantes ilustró este punto diciendo: "Hay domingos que recito el Credo Apostólico con plena fe, creyendo hasta la última palabra. Pero hay otros cuando lo recito lleno de dudas o simplemente me quedo callado. Esos domingos de incertidumbre, el resto de la iglesia cree y confiesa por mí".

En conclusión, podemos decir que este sermón nos enseña que la fe requiere de disciplina espiritual para poder madurar. Esa disciplina nos lleva a renovar todos los días nuestro compromiso con Dios y con los demás. Lo que es más, esa disciplina espiritual es la que nos permitirá mantenernos en contacto con Dios en los momentos de crisis que todo ser humano enfrenta en varios puntos de la vida. De este modo, cuando Jesús nos pregunte "¿También tú quieres irte?", podremos contestar con alegría: "¡No!"

Preguntas para la reflexión

• El sermón "expositivo" es aquel que presenta o discute un aspecto del mensaje de un pasaje bíblico. Para hacer esta exposición de manera correcta, se debe tomar en cuenta el contexto literario donde se encuentra el texto que sirve de base a nuestro sermón. Tomando esto en cuenta, trate de identificar las razones por las cuales afirmamos que este sermón es "expositivo".

• Si usted predica con alguna regularidad, repase algunos de los bosquejos o manuscritos de sus sermones y trate de identificar aquellos que puedan ser clasificados como "expositivos."

• Los evangelistas no escribieron biografías de Jesús, sino testimonios sobre su fe en Jesucristo. ¿Qué importancia tiene este punto para el creyente hoy día?

• Este sermón nos lleva a considerar la importancia de la disciplina para el desarrollo espiritual del creyente. ¿Cómo predicar este mensaje en un mundo donde la mayor parte de la gente ve la disciplina como una carga?

¿Qué somos para que tengas de nosotros memoria?
Mateo 19: 16-26; 20: 1-16

> . . . la palabra humana es como un caldero hendido sobre el cual batimos melodías que sirven para hacer bailar a los osos, cuando lo que querríamos es conmover a las estrellas.
> *Gustave Flaubert*

Un joven de buena familia se acerca a Jesús para hacerle la pregunta religiosa por excelencia: "¿Qué bien haré para tener la vida eterna?". La pregunta se podría formular de muchas maneras. ¿Qué tengo que hacer para ir al cielo? ¿Cuáles son los requisitos de la salvación? ¿Qué podemos hacer para estar de buenas con Dios?

La historia de esta pregunta es tan larga como la historia de la espiritualidad y de la religión. Data quizás del momento en que un ser humano levantó por primera vez la mirada de la madeja de contingencias que lo amenazaba para posarla en las estrellas; del momento preciso en que ese mismo ser humano intuyó la distancia entre lo que podría ser y lo que es; la diferencia entre lo cambiante, como su propia vida, y lo eterno, como el Dios de Israel, quien precisamente se autodesigna con el contundente nombre «YO SOY EL QUE SOY» (Éxodo 3: 14). "¿Qué tengo que hacer para salvar esa distancia?" debe de haber sido la pregunta de aquel ser humano y es quizás la formulación primordial de la pregunta que el joven rico le hace a Jesús.

La historia de nuestras respuestas a esta pregunta es tan larga como la historia misma de la espiritualidad y de la religión. Es la historia del mito que procura contener nuestro dilema espiritual dentro de los límites de un cuento que nos decimos una y otra vez. Es la historia del rito que intenta conjurar el dolor de la distancia entre Dios y nosotros por medio de gestos que repetimos una y otra vez. Es la historia del amuleto y del escapulario. Es la historia de la indulgencia y del rosario, del sacramento, del culto dominical, de la oración, de la plegaria, del vía crucis y de la procesión. Es la historia de todo lo que nos hemos ideado los seres humanos en la angustia de nuestra fragilidad y ante el vislumbre de la eternidad. Nadie quizás ha expresado la miseria de todas nuestras respuestas a la pregunta del joven rico como el escritor francés Flaubert al afirmar que "la palabra humana es como un caldero hendido sobre el cual batimos melodías que sirven para hacer bailar a los osos, cuando lo que querríamos es conmover a las estrellas."[1]

¿Qué podemos hacer para estar de buenas con Dios? ¿Qué podemos hacer para conmover a las estrellas?

A los evangélicos nos gusta pensar que si bien los católicos o los judíos practican una religión, nosotros no. Porque nosotros somos cristianos, decimos, y el cristianismo no es una religión. Porque nosotros no rezamos, sino que oramos, y no creemos en amuletos de ninguna clase. Evoco el recuerdo de mis primeros años en la fe bautista, cuando era miembro de la comisión de evangelismo en la Iglesia Bautista Sión y recorría los barrios rurales de Trujillo Alto compartiendo la buena nueva del evangelio. "No venimos a proponerles una religión," les decíamos a nuestros posibles prosélitos, "sino la fe en Cristo resucitado." Y nos sentíamos orgullosos de saber más que los otros, de saber que la religión era incapaz de responder a nuestras preguntas espirituales y que sólo la fe en Cristo podía ponernos de buenas con el Señor.

Pero el instinto religioso es verdaderamente insidioso. Sin darnos cuenta, nosotros también construíamos una religión. Una religión que decía: "Si quieres estar de buenas con Dios, no fumes." Una religión que proclamaba: "Si quieres estar de buenas con

---

[1] Gustave Flauvert, *Madame Bovary* (Paris: Garnier-Flammarion, 1979), 219 (Traducción mía).

Dios, no bailes ni bebas." Una religión que anunciaba: "Si quieres estar de buenas con Dios, patrocina todos los cultos de la iglesia." "Si quieres estar de buenas con Dios, entrega el diezmo, trae la ofrenda, aprende a orar en voz alta, lee la Biblia, canta los himnos." "Si quieres estar de buenas con Dios, levanta la mano el domingo próximo y ponte la Biblia debajo del brazo."

Quizás no debamos sentirnos demasiado miserables al descubrir que nosotros también somos capaces de construir amuletos. Lo que no podemos hacer, me parece, es criticar con demasiada facilidad a los demás y ser demasiado condescendientes con nosotros mismos.

Y es que para los seres humanos, que hemos posado la mirada sobre las estrellas y que hemos intuido esa distancia que no podemos medir ni siquiera en años-luz y que parece separarnos inexorablemente de la eternidad, no es fácil no ser religioso. Creo que Jesús comprendía nuestra naturaleza religiosa. Por eso su primera respuesta al joven rico es una respuesta religiosa. "Guarda los mandamientos", le recomienda al joven. Jesús no desprecia el valor didáctico de la ley, de esa ley que Pablo comprende con toda corrección como ayo capaz de llevarnos a Cristo, como nodriza que amamanta nuestra infancia espiritual (Gálatas 3:24).

Pero el joven rico quiere que le revelen la fórmula. Quiere saber precisamente cuáles son esos mandamientos que debe guardar; que le digan exactamente lo que tiene que hacer. Y Jesús, con toda paciencia, le recuerda lo que ya el joven sabía: "No mates, no adulteres, no hurtes... ama a tu prójimo como a ti mismo." Al joven no le satisface la respuesta de Jesús. Esperaba que el Maestro le revelara la fórmula mágica que andaba buscando y que seguramente habría de ser algo nuevo, algo que él no sabía aún. En cambio, la respuesta de Jesús lo refiere a lo que el joven no sólo ya sabía, sino que cumplía. "Esta no puede ser la respuesta," debe de haber pensado aquel joven, "porque yo hago todas esas cosas pero me falta algo, tengo un vacío, siento un hueco en el mismo medio del pecho." "¿Qué más me falta?" clama aquel joven de buena familia, aquel joven religioso y bueno; "¿qué más me falta, porque algo me tiene que faltar, porque todavía siento la distancia y me duele; qué más me falta, qué es lo que tengo que hacer?"

¿Y quién no recuerda la severa réplica de Jesús; esa respuesta cortante que nos deja, a todos los que alguna vez hemos gozado de un privilegio, con un sabor amargo en la boca? "¡Ah, si tú lo que quieres es la fórmula de la perfección, pues dalo todo, entrégalo todo, regálalo todo y sígueme." ¡Cuántas veces no nos hemos sentido como el joven rico, admirando a Jesús desde la otra orilla, desde la orilla de todo lo que no hemos sido capaces de entregar!

Debo confesar que este pasaje del evangelio, éste que relata el encuentro entre Jesús y el joven rico, no es uno de mis pasajes favoritos. Todo lo contrario; forma parte del anticanon de pasajes que yo preferiría que no estuviesen en la Biblia. Con toda sinceridad, yo me sentiría mucho más tranquilo si Jesús le hubiese dicho al joven rico algo así como: "¡Muchacho, no te preocupes que vas bien!" Al igual que me sentiría mucho menos ansioso en mi vida espiritual si, por ejemplo, lo del juicio de las naciones fuera parte de uno de esos textos apócrifos o deuterocanónicos que figuran en las biblias de estudio como apéndices. Pero tengo que admitir que he tenido que aprender a convivir con estos pasajes severos en una especie de tregua espiritual, mientras cruzo los dedos y toco palo con la secreta esperanza de que Jesús esté demasiado ocupado para recordarlos el día en que me presente ante los portones celestiales. Como ven, este servidor no está ni remotamente exento de la ansiedad religiosa que hoy me he propuesto desmantelar. ¡Cómo voy a ser demasiado severo con el joven rico, si el joven rico soy yo!

Y dice la palabra que los mismos discípulos quedaron atónitos ante la respuesta de Jesús; particularmente cuando el Maestro afirma que más fácil es pasar un camello por el ojo de una aguja que entrar un rico en el reino de los cielos. La reacción de los discípulos me parece absolutamente lógica: ¿Y entonces quién podrá ser salvo? Sin embargo, los discípulos eran hombres de pueblo, antiguos pescadores; ¿por qué habrían de identificarse con el dilema de un rico? Habrían podido hacer como nosotros cuando leemos esos versículos, que se nos estruja el corazón de pena y exclamamos "¡pobrecitos millonarios!"

Pero los discípulos de Jesús intuyeron, como era debido, en un momento de inaudita lucidez espiritual, que ricos somos todos. Ricos somos todos los que tenemos algo que nuestro prójimo no tiene. Ricos somos los que gozamos de salud mientras nuestra hermana se muere de cáncer. Ricos somos todos los que tenemos hijos sanos de cuerpo y mente, mientras el hijo de nuestro hermano sucumbe a las drogas. Ricos somos todos los que tenemos trabajo, mientras nuestra hermana está desempleada. Ricos somos todos los que tenemos techo, mientras la casa de nuestro hermano está cubierta con una lona cortesía de FEMA. Y más fácil se nos haría pasar un camello por el ojo de una aguja que ganarnos el reino de los cielos. Entonces, "¿quién podrá ser salvo?" preguntan los discípulos. La respuesta de Jesús me parece kerigmática; contiene el evangelio completo en cápsula: "Y mirándolos Jesús, les dijo: Para los hombres esto es imposible; mas para Dios todo es posible".

Con el fin de ayudarnos a comprender lo que está en juego en este conflicto entre pregunta y respuesta, Jesús, como era su costumbre, nos hace un cuento: "Sucede con el reino de los cielos como con el dueño de una finca que salió muy de mañana a contratar trabajadores para su viñedo..."

Recordemos la parábola. El dueño de la finca contrata primero a unos hombres a cambio del salario de un día, un denario, y los envía a trabajar a sus campos. Vuelve a salir más tarde en el día y vuelve a contratar otro número indeterminado de hombres para que trabajen en su viñedo. Todavía a las cinco de la tarde, cuando quedaba muy poco de la jornada de trabajo, el dueño de la finca sale una vez más y encuentra hombres desocupados en la plaza. "¿Por qué están aquí sin hacer nada?", les pregunta. "Porque nadie nos ha dado trabajo", responden ellos. Y a éstos también mandó a trabajar a su viñedo.

Llegada la hora del cese, el dueño de la finca da instrucciones para que se les pague a los trabajadores. Pero insiste en que se comience con los que llegaron últimos, a los cuales ordena se les remunere con un denario. Cuando los que habían trabajado el día completo reciben al fin su paga, un denario también, comienzan a murmurar: "¿Cómo es posible que éstos que acaban de llegar reciban lo mismo que nosotros que trabajamos todo el día bajo el sol?"

Seamos honrados. A nosotros también nos parece extraña la lógica del dueño del viñedo y es porque no coincide con la lógica de nuestras propias prácticas comerciales. Por eso no hemos captado que cuando el dueño de la finca sale a buscar trabajadores a las cinco de la tarde ya no va movido por la necesidad, sino por la compasión. Va a buscar a los que nadie ha querido contratar. Ya no se trata de un mero contrato en el cual opera la ley de la demanda y la oferta (el salario de un día a cambio de una jornada de trabajo). Ahora se trata de un acto de generosidad, en el cual la necesidad de unos se topa con la prodigalidad y la magnificencia del otro, exactamente como cuando nosotros nos topamos con la gracia de Dios. Y es que así sucede con el reino de los cielos...[2]

La economía implícita en la pregunta del joven rico, así como en la querella de los trabajadores que laboraron todo el día, es la economía de la transacción, del *quid pro quo*, del toma y daca. Esa es la economía del fariseo empeñado en ganarse el cielo a cambio del cumplimiento de leyes y de ceremonias. Es la economía del amuleto y del escapulario, del golpe de pecho, de la religiosidad. Pero esa es también, sin duda alguna, la economía que mueve el mundo, la que genera proyectos arrolladores que se llevan por el medio a las personas. Por eso no debería sorprendernos que los grandes centros comerciales, allí donde se le rinde culto a la más diáfana de las transacciones, se hayan convertido en los templos de nuestra era.

Pero la economía del toma y daca, de la transacción, no permanece enquistada dentro de los muros del centro comercial, sino que contamina nuestra vida entera, desde el ingenuo gesto

---

[2] Mi comprensión de la parábola está endeudada con la obra de Daniel Patte, *The Gospel According to Matthew* (Philadelphia: Fortress Press, 1987).

de prenderle una vela a san Antonio para que consiga novio hasta el desmantelamiento del sistema de salud del país. Como todo en la vida es un toma y daca, también la salud tiene su precio. Y ya el médico no puede entregarse de lleno al cumplimiento de su misión hipocrática, sino que tiene que estar atento al *bottom line,* a la capitación que le asigna la reforma de salud. ¿Cuánto cuesta el procedimiento necesario? se convierte entonces en la pregunta esencial; porque si el médico se pasa de la capitación asignada, el costo de los procedimientos comienza a salir de su propio bolsillo. Es tan insidiosa esta economía del *quid pro quo* que apenas nos percatamos de sus operaciones que nos parecen pertenecer al orden mismo de la naturaleza.

En cambio, la economía del dueño de la finca, que es la del reino de los cielos, nos parece extraña y contra natura. Es la economía de la compasión, de la entrega, del don, de la gracia, de la fe. En este orden de la gracia no tiene sentido la pregunta del joven rico, porque el reino no se gana por medio de una transacción, sino que se vive como una visión luminosa que preña el corazón de valores y de significados ante los cuales la pregunta "¿qué es lo que tengo que hacer?" sólo puede formularse desde la más profunda ceguera espiritual.

Comprendo el malestar de Jesús. Toda su vida fue entrega y don; toda su enseñanza, testimonio de la generosidad sin límites de Dios. Él querría enseñarnos a ver, y nosotros nos empeñamos en llevar cuentas. Él querría enseñarnos a vivir, y nosotros insistimos en aprender a sumar y restar. Es como cuando los maestros sentimos un gran entusiasmo, una gran pasión, por cierto tema o materia, y los estudiantes nos preguntan "¿cuántos puntos vale esa pregunta en el examen?". Es como cuando nos sentimos comprometidos con la misión de la institución para la cual trabajamos, y un compañero de trabajo nos alecciona: "¡Muchacha no te mates tanto, que esto es pa' treinta años!". Porque lo que Jesús querría es que los valores del reino se nos grabaran en la frente y en el corazón con hierro candente. Que los viviéramos con tanta pasión que ni siquiera se nos ocurriese preguntar "¿qué es lo que tenemos que hacer?".

Permítanme que ilustre lo que estoy tratando de comunicar con otro ejemplo tomado de mi práctica profesional. Hace algunos meses presenté una ponencia en el Recinto de Río Piedras titulada "¡Abajo el terrorismo intelectual: la experiencia de los cursos intensivos de francés!". Dividí mi presentación en dos partes, la primera titulada "aspectos metodológicos". En esta primera parte informé sobre los elementos que han constituido la metodología de los cursos intensivos de francés durante los treinta años de su existencia. Hablé del uso exclusivo del francés en el salón de clases, del uso de los diálogos, de la manera de presentar la gramática, del manejo del vocabulario, etc. Antes de comenzar la segunda parte, titulada "aspectos espirituales", leí un versículo de II a los Corintios, aquél que dice: "Porque la letra mata, mas el espíritu vivifica". En esta parte de la ponencia hablé de lo que considero son los aspectos espirituales del curso intensivo de francés: su carácter lúdico y creativo, el manejo de los errores como oportunidad de aprendizaje, la conciencia de quiénes son nuestros estudiantes, el entusiasmo. Insistí con mi auditorio en que sin esta espiritualidad ningún método podría lograr lo que logramos en nuestros cursos intensivos. Es este espíritu lo que vivifica nuestra práctica y anima nuestro método. Sin este espíritu, que dignifica al estudiante, nuestro método podría convertirse muy fácilmente en letra muerta.

Me parece que lo que Jesús nos pide por medio de su respuesta al joven rico es precisamente que invirtamos nuestro espíritu, que pongamos nuestro espíritu en lo que hacemos y que descansemos de nuestra ansiedad religiosa. Porque el reino de los cielos es una paradoja; no requiere nada y lo requiere todo; no nos pide nada y nos lo pide todo. Sí, hay mandamientos que guardar, pero son mandamientos que pierden su sentido si queremos saber cuántos puntos valen. Sí hay cirios que encender, pero son cirios que no valen nada si los convertimos en moneda de transacción. Sí, hay un diezmo que entregar, pero ese diezmo pierde todo su valor si lo concebimos como una inversión de capital que ha de traducirse en ingresos mayores. Sí, hay oraciones que decir, pero son oraciones que carecen de interlocutor si sólo las motiva nuestra ansiedad de ritos religiosos. Porque pasa con el reino de los cielos como con el dueño de una finca que salió muy de mañana a contratar trabajadores para su viñedo y a buscar destinatarios para su compasión.

Durante la semana después del paso del terrible francés Georges, mientras aún no había energía eléctrica en mi comunidad, mis hijos y yo pasábamos ratos largos mirando las estrellas. Hacía años que no las veía como se vieron durante esa semana, tan numerosas y brillantes. Pero hacía quizás un lapso mayor que no tenía el tiempo de mirarlas con detenimiento. Al principio, nuestros ojos andaban al acecho de estrellas fugaces, que contábamos como si quisiéramos coleccionarlas, o de otros objetos móviles que se nos antojaban ya sea aviones o satélites o hasta OVNIS. Si no, procurábamos trazar constelaciones con la ayuda de un mapa estelar que mi hijo sacó de alguna gaveta. Como parecía que ni siquiera con mapa seríamos capaces de identificar más constelación que la de la cacerola, nos propusimos inventarnos nuestras propias constelaciones. Una noche, sin embargo, aburrido de contar estrellas fugaces, me acosté sobre el bonete del carro y me quedé mirando fijamente los cielos sin buscar nada, sin trazar nada, sin contar nada. De momento sentí que se apoderaba de mí un curioso sosiego, un sosiego que no había sentido desde mi niñez, una quietud imposible de imaginar y mucho menos de fijar en mi enloquecida agenda de trabajo. "Cuando veo tus cielos", canté con el salmista, "obra de tus dedos, la luna y las estrellas que tú formaste, digo: ¿Qué es el hombre, para que tengas de él memoria, y el hijo del hombre para que lo visites?" (Salmo 8: 3-4). Es que de repente, ante el espectáculo luminoso e impasible de los astros, mis problemas, ansiedades y vicisitudes quedaron totalmente opacados. Por un instante fugaz estuve a punto de tener una experiencia mística. O quizás la tuve, y todavía no me lo creo.

En memoria de Ruth Hernández Torres

Comentario sobre el sermón "¿Qué somos para que tengas de nosotros memoria?"

Método homilético

En "¿Qué somos para que tengas de nosotros memoria?", Sandín nos ofrece otro buen ejemplo de un sermón expositivo. A diferencia de un estudio bíblico, los sermones expositivos no comentan el texto "versículo por versículo". Por el contrario, tratan de encontrar una idea "central" que pueda ser entendida por la congregación como un mensaje de Dios para sus vidas.

El texto que sirve de base a este sermón es el relato del encuentro entre Jesús y el joven rico, específicamente la versión de Mateo 19 (hay otras versiones en Marcos 10 y en Lucas 18.) Sagazmente, Sandín conecta este pasaje bíblico con la Parábola de los trabajadores y las horas, con la cual comienza el capítulo 20.

El tema central de este sermón es la salvación. El mismo comienza repitiendo la pregunta del joven rico: "¿Qué haré para tener la vida eterna?". La primera parte del sermón explora la pregunta, recalcando que la misma no tiene respuestas. La segunda parte del sermón, luego del estudio de la parábola, comienza a explorar las respuestas a esta candente pregunta. La "respuesta" de Sandín se ofrece en los últimos párrafos del sermón.

Crítica bíblica y teológica

Este sermón ofrece una interpretación clara y, hasta cierto punto, sencilla de sus textos básicos. Primero, Sandín explora la pregunta, las motivaciones y el alma del joven rico. Su análisis humana al personaje, tomando en serio sus dudas con respecto a la fe. Esto se ve claramente cuando exclama "... el joven rico soy yo". En este punto, la audiencia se siente tentada a gritar "¡Y yo también!" También se ve claramente cuando, a renglón seguido, el predicador deconstruye la palabra "rico", recordándonos que cada ser humano es "rico" en algún aspecto de su vida.

Segundo, Sandín entiende la dificultad del texto. Si el joven rico no puede salvarse, nadie puede salvarse. Así lo entendieron los discípulos de Jesús en Mateo 19:25, lo que llevó a Jesús a asegurarles que para Dios nada es imposible (19:26).

Tercero—aquí vemos la importancia de traer a colación la Parábola de los trabajadores y las horas (20:1-16)—este texto presenta a Dios como el potentado misericordioso que da a la humanidad lo que necesita, no lo que merece. En fin, Dios nos regala una salvación que no merecemos.

Aspectos pastorales

A través de este breve comentario, hemos visto la calidad pastoral de este sermón. El hecho de que trate uno de los asuntos centrales de la fe cristiana —la "soteriología" o doctrina de la salvación— demuestra su profundidad. En un mundo donde hay tanta predicación sobre temas sin importancia, es refrescante encontrar un sermón que aborda un tema de peso.

Otro aspecto pastoral pertinente es la manera como se examina la fe evangélica. En lugar de asumir que "nosotros" tenemos la verdad y que "los otros" están equivocados, Sandín nos confronta con las debilidades de nuestra propia tradición cristiana. Aunque algunas personas podrían encontrar su análisis un tanto duro, el mismo nos confronta con una realidad ineludible. Nuestra fe protestante y evangélica puede ser tan fría, rígida y dogmática como cualquier otra.

Estas *palabras duras* se suavizan resaltando la humanidad del joven rico y la misericordia de Dios. Al final del sermón, el lector y la lectora quedan agradecidos por el amor, la misericordia y la grandeza de Dios.

Espiritualidad y fe

Como recordarán, al principio de este análisis mencionamos que Sandín da una "respuesta" a la pregunta central del sermón: "¿Qué haré para tener la vida eterna?" Con humildad, Sandín presenta su respuesta como una alternativa válida y no como la contestación absoluta. Esa respuesta es que el creyente debe practicar su fe con un profundo sentido de espiritualidad que, en fin de cuentas, le lleve a depender radicalmente de la misericordia divina.

Esta espiritualidad es lo que le permite a Sandín enfrentar las "aporías" (esto es, los problemas filosóficos para los cuales no podemos encontrar solución) de la fe. Sí, es imposible que un ser humano sea salvo; pero el Dios misericordioso viene a nuestro encuentro y nos regala el don que no merecemos. Sí, nuestra fe evangélica es otra expresión religiosa más; pero quien practica su fe con pasión encuentra a Dios a cada paso.

En resumen, este sermón nos llama a amar a Dios y a depender de su misericordia. Nos llama a practicar una fe apasionada y juguetona. Nos llama, además, a apartar tiempo para "mirar las estrellas", descansando en el Dios creador.

Preguntas para la reflexión

• A diferencia de otros predicadores, Sandín toma en serio al joven rico. Lo presenta como una persona que verdaderamente trata de buscar cómo establecer una relación con Dios. Más aún, invita a la audiencia a identificarse con este personaje. ¿Cree usted que este acercamiento enriquece el sermón? ¿Por qué?

• Tanto el texto bíblico como el sermón afirman que para el ser humano es imposible alcanzar salvación por sí mismo, pues ésta es un regalo de Dios. Comparemos esa idea con las enseñanzas y, sobre todo, con la práctica de nuestras iglesias. ¿Acaso hemos reducido la salvación a otra transacción comercial?

• La Parábola de los trabajadores y las horas compara a Dios con una persona que busca "destinatarios para su compasión". ¿Acaso esta imagen describe a Dios en forma adecuada? ¿Por qué?

• El sermón termina invitándonos a contemplar la grandeza de Dios. Si nuestra iglesia no cultiva la contemplación como disciplina espiritual, ¿cómo podemos incorporarla?

Hablemos de sexo en paz
Juan 8: 1 – 11

Tus renuevos son paraíso de granados,
con frutos suaves, de flores de alheña y nardos...
Cantar 4: 13

Cuando yo estaba en escuela superior, allá para la era en que el planeta se estaba enfriando, me pidieron que preparara un cartel para anunciar cierta actividad estudiantil. Al pensar en estrategias posibles para llamar la atención de los estudiantes que transitaban veloces por los pasillos del colegio, se me ocurrió una que de seguro lograría su cometido publicitario. Escribí, en letras grandes y rojas, la palabra "SEXO" en la parte superior de la cartulina. Debajo decía: "Ahora que he captado tu atención, déjame invitarte a nuestra próxima actividad...". El cartel se colocó contra una de las paredes de la escuela a las 7:30 de la mañana. A las 7:35 pasó la monja por el pasillo, arrancó la cartulina e inició la pesquisa que daría muy pronto con el autor del delito: este servidor.

Aprendí mi lección. En aquella escuela, el currículo de educación sexual se reducía a una sublime declaración teológica: "El cuerpo es el templo del Espíritu Santo". ¿Cómo se me había podido ocurrir semejante infracción? Estamos hablando de un colegio católico, operado por una especie de gestapo femenina, las buenas hermanas de la orden de San José, quienes habían hecho de la salvación de nuestras almas su vocación de vida. Y no había salvación posible según las *sisters*, al margen de una absoluta represión de lo corporal. La palabra "sexo" no se usaba, y punto. Imagínense hasta qué extremo habían sido eficaces en su empeño de proscribir el cuerpo, que yo llegué hasta el cuarto grado con la certeza de que las monjas sólo tenían rostros y manos. Lo demás eran blancos hábitos rellenos de algodón; lo que hacía totalmente innecesario, por supuesto, que hubiese baños en el convento, como no fuera para lavarse las manos y la cara.

Pero no debo ser injusto con las monjas. La verdad del caso es que el momento histórico se caracterizaba por el silenciamiento de lo sexual. Imagínense, los jóvenes que me escuchan, que, en aquellos días, para ver muchísimo menos de lo que se ve hoy gratis en las playas y en la televisión, había que ir furtivamente, con gorra y gafas oscuras, a un cine que se llamaba el Holiday. Las películas se clasificaban en A1, A2, B y C, y era la Iglesia Católica la que operaba el sistema de censura. Las cintas en A1 trataban sólo temas inofensivos o religiosos, tales como "Lassie vuelve a casa", "Siete novias para siete hermanos" o "La canción de Bernardita". Las películas en A2 eran para adultos, debido a sus contenidos un poco subiditos de tono: «Casablanca», los melodramas de Libertad Lamarque y hasta la mismísima "Pasión y muerte", que se consideraba demasiado fuerte para los niños. Ya las cintas en B requerían la confesión y la firme resolución de nunca volver a pecar. Se trataba de filmes como "David y Betsabé" o "Lo que el viento se llevó", los cuales contenían temas escabrosos, tales como el divorcio o el adulterio. Y las películas en C, ocasión de pecado mortal, eran simple y llanamente condenadas. Se me hace difícil ofrecer ejemplos de esta categoría porque la única vez que fui al Holiday no me fijé en el título de la cinta; pero me asegura mi prima que, bajo esta clasificación, caían las películas de Tongolele.

Pero no se trataba sólo del cine. Mi madre me mandaba a la farmacia con un papel dobladito que yo debía entregarle al farmacéutico sin abrirlo, so pena de condenación eterna. El farmacéutico, a su vez, desdoblaba cuidadosamente el papel, lo leía y me entregaba una caja, bastante grande, envuelta en papel de estraza. No tienen ustedes idea de todas las conjeturas que hice sobre lo que podían contener aquellas cajas misteriosas; pero nunca hubiese podido adivinar que se trataba de toallas sanitarias, porque yo no sabía que hubiese tal cosa en el mundo y mucho menos cuál podía ser su uso.

Recuerdo un día en que un vecino adolescente, un poco mayor que yo, usó el verbo "engendrar" en una oración de la cual él mismo era el sujeto. A mí, que nunca había leído el libro de Génesis —también proscrito—, me pareció una abominación aquella palabra y temí haber pecado por el mero hecho de escucharla. En fin, que los tiempos eran otros, y hablar de sexo era tabú. Por supuesto, el tabú se refería mucho más a la palabra que a la acción; de tal suerte que, a la hora de la confesión, se hacían malabarismos lingüísticos para que el cura comprendiera la naturaleza de ciertos pecados sin que uno tuviese que nombrarlos.

Estas confidencias que oso compartir con ustedes tienen un sólo propósito: que comprendan lo difícil que se me hace, en vista de mi educación y trasfondo, hablarles de sexo hoy, desde este púlpito y con micrófono. Por insistir en los ejemplos, imagínense que, todavía a estas alturas, se me atraganta esa palabra que designa ciertos globos profilácticos; palabra que hoy día engalana, con total desparpajo y luces de neón, las marquesinas de cierta cadena de tiendas que se especializan precisamente en los susodichos globos y otros objetos igualmente innombrables. De manera que les suplico su indulgencia.

¿Por qué he querido hablarles hoy de sexo desde este púlpito, si he sido educado y adiestrado precisamente para evadir el tema? Es que me parece que el momento no puede ser más oportuno. En las últimas semanas hemos sido testigos de una serie de acontecimientos públicos relacionados con la sexualidad. Por un lado tenemos el caso de la profesora Margarita Ostolaza, aspirante a la legislatura, quien, debido a sus posiciones un tanto liberales en lo que concierne a asuntos tales como el aborto o la homosexualidad, ha sido objeto de fuertes ataques por parte de algunos sectores cristianos. Por otro lado, más recientemente, hemos visto el revuelo que ha suscitado la propuesta del gobernador, doctor Pedro Rosselló, de abordar el problema de la alta incidencia de enfermedades venéreas y de embarazos entre adolescentes por medio de un amplio programa de educación sexual que podría incluir, como medida de salud pública, el poner contraceptivos a la disposición de los adolescentes sin previa consulta a sus padres.

Lo que me preocupa es que no parece haber espacio en el país para que se discutan estos asuntos —tan serios, tan importantes, tan complejos— con serenidad, con madurez, sin aspavientos. Al primer asomo del tema sexual en la arena pública, entra en acción una especie de guerrilla fundamentalista que secuestra toda posibilidad de diálogo juicioso y sosegado. Entre tanto, ¿cuál es la situación real en Puerto Rico en lo que respecta al sexo?

El tema del sexo se ha convertido en una obsesión en nuestra sociedad. Apenas se pueden pasar los canales de televisión sin que nos topemos con toda una gama de situaciones sexuales. Pero no se trata siquiera de erotismo, sino de una especie de pornografía blanda y grosera que nos asedia a cualquier hora del día y de la noche. La televisión americana que nos llega por medio del cable no es mucho mejor en este sentido y es incluso más insidiosa y peligrosa en su empeño más sofisticado de hacernos aceptar la sexualidad sin controles como normal y buena. El aparato publicitario, con sus tentáculos omnipresentes, no encuentra ya cómo más invitarnos al abandono en lo que respecta al sexo y al consumo de alcohol. Casi no se vende ni se mercadea nada en este país si no es por medio de provocaciones hedonistas. Si pasamos revista a las obras de teatro que suben a escena en Puerto Rico, también constataremos la obsesión con los temas sexuales: «El callejón de los cuernos», «Le pegué un cuernito», «Las mujeres y los *strippers*», «Tengamos el sexo en paz», etc., etc.

En los cincuenta años que llevo sobre la faz del planeta, hemos pasado, pues, del extremo de una mojigatería absurda e hipócrita, apenas capaz de distinguir entre sexo y pecado, al extremo de una indecencia sexual exenta de toda noción de pecado o infracción. No parece haber lugar para la mesura ni la templanza cuando de sexo se trata. Sólo se oyen, por un lado, las voces publicitarias que conspiran para hacernos creer que el sexo es una recreación más y, por el otro lado, las voces puritanas que boicotean todo intento de diálogo serio y ponderado. Entre tanto, las estadísticas son cada vez más alarmantes. Informa el Departamento de Salud que para 1996, el 20.6% de los nacimientos en Puerto Rico correspondían a madres adolescentes entre las edades de 10 a 19 años. Por otra parte, de las 23,715 personas actualmente infectadas con el virus VIH-SIDA, 4,408, cerca del 19%, están entre las edades de 13 a 29 años.[1]

Pero las estadísticas son demasiado asépticas y distantes. Si quieren verle el rostro verdadero a esta situación, dense la vuelta por nuestras escuelas para que vean, en persona, la cantidad de niñas que llevan, bajo sus uniformes escolares, un embarazo precoz. Y la responsabilidad sobre esta situación la tenemos todos. Porque tan responsables son los que incitan a nuestros jóvenes a abandonarse a una conducta sexual irresponsable, como los que impiden todo posible diálogo constructivo para la formulación de política pública, como los que callamos porque no hemos aprendido a hablar de sexo. Por eso he querido hablarles de sexo hoy. Porque, ante las estadísticas, nuestro silencio, el silencio de los cristianos moderados, es tan peligroso como el más vulgar de los programas televisivos. Pero, veamos los motivos de ese silencio.

Por razones muy complejas, a las cuales no podría hacerles justicia dentro de los límites de este sermón, pero que guardan relación con la influencia de los estoicos en el origen del pensamiento cristiano, la iglesia ha tenido una historia muy tensa en lo que a la sexualidad se refiere. Desde los primeros padres de la iglesia hasta el catecismo romano en el siglo 16, todos los escritores cristianos enseñaban que el acto matrimonial sólo se justificaba con miras a la procreación, razón por la cual el sexo durante el embarazo se consideraba pecaminoso.[2] En analogía

---

[1] Obtuve esta información por medio de llamadas telefónicas a la división de estadísticas del Departamento de Salud y a la línea de información sobre VIH-SIDA del mismo departamento gubernamental.

[2] Philip S. Kaufman, *Why You Can Disagree and Remain a Faithful Catholic* (New York: Crossroad, 1995), 72 - 73.

con el comportamiento de los animales domésticos conocidos en la época, se pensaba que el sexo sin fines procreativos era un pecado *contra natura*. Esta reducción de la sexualidad a sus fines reproductivos llegó incluso al extremo de que se proscribiera el placer sexual dentro del matrimonio. Así, afirmaba el papa Gregorio el Grande (590 - 604) que quienes mezclan el placer con el acto matrimonial quebrantan las leyes del matrimonio.[3] Es por esas mismas razones que San Gregorio incluía bajo el concepto de «adúltero» al hombre que ama a su esposa con excesivo ardor.[4]

No cabe duda de que estas ideas sobre el sexo están en la raíz misma de la posición de la Iglesia Católica contra el uso de anticonceptivos. No fue sino hasta este siglo, bajo el reinado del papa Pío XII, que la Iglesia Católica llegó a admitir el método del ritmo, reconociendo implícitamente que el acto sexual puede tener otras motivaciones además de la procreación.

A lo largo de la historia de la iglesia, lo más común ha sido que la teología moral infiltre los códigos penales, incluso en países como el nuestro que supuestamente han acatado el principio de la separación entre iglesia y estado. Así, el sexo no sólo se ha considerado altamente vinculado al pecado, sino incluso vinculado al delito. Todavía hoy en Puerto Rico, cuyo código civil data de 1932, el adulterio y otras conductas sexuales concebidas como *contra natura* se inscriben dentro de la categoría de delito.

Lo curioso es que la historia del pensamiento cristiano sobre la sexualidad no tiene verdaderas raíces bíblicas. En el Antiguo Testamento, el amor sexual se concibe con toda naturalidad. Son numerosos los ejemplos del uso del verbo «amar» en un sentido obviamente sexual, como en el siguiente pasaje de Génesis: «Y la trajo Isaac a la tienda de su madre Sara, y tomó a Rebeca por mujer, y la amó...» (Génesis 24: 67).

---

[3] Ibid, 75.
[4] Ibid.

En la historia de David y Betsabé, lo que el profeta Natán le reprocha a David no es el aspecto erótico de su amor por Betsabé, quien llegó a ser su esposa y la madre de Salomón. Lo que Natán censura es el hecho de que Betsabé fuese una mujer casada y que, para hacerla suya, David hubiese recurrido al asesinato (II Samuel 12: 1ss).

En los libros de Proverbios y Eclesiastés, depósito de la sabiduría del pueblo israelita, encontramos exhortaciones al gozo sexual: «Goza de la vida con la mujer que amas...» (Eclesiastés 9: 9), «Sea bendito tu manantial y alégrate con la mujer de tu juventud» (Proverbios 5: 18). Pero el mejor ejemplo de la alta estima en que se tiene el amor sexual en el Antiguo Testamento es el «Cantar de los Cantares», una especie de parábola del amor de Dios expresado en términos eróticos. ¿Qué les parece, por ejemplo, el siguiente pasaje?:

> ¡Cuánto mejores que el vino tus amores, y el olor de tus ungüentos que todas las especias aromáticas! Como panal de miel destilan tus labios, oh esposa; miel y leche hay debajo de tu lengua; y el olor de tus vestidos como el olor del Líbano. Huerto cerrado eres, hermana mía, esposa mía; fuente cerrada, fuente sellada. Tus renuevos son paraíso de granados, con frutos suaves, de flores de alheña y nardos... (Cantar 4: 10 - 13).

Y para ser equitativos, ¿qué les parece lo que dice la mujer de su amado?:

> Mi amado es blanco y rubio, señalado entre diez mil. Su cabeza como oro finísimo; sus cabellos crespos, negros como el cuervo... Su cuerpo como claro marfil cubierto de zafiros. Sus piernas como columnas de mármol fundadas sobre brasas de oro fino... Su paladar, dulcísimo, y todo él codiciable (Cantar 5: 10 - 16).

Por supuesto, la sexualidad es también objeto de múltiples proscripciones en el Antiguo Testamento. El libro de Levítico en particular se ocupa de la prohibición de ciertas conductas sexuales consideradas inaceptables para el pueblo israelita, las cuales conllevaban penas severas, incluyendo en ciertos casos la pena capital (Lv 20: 10 - 21).

Ya en el Nuevo Testamento, el apóstol Pablo, aunque un tanto comedido, reconoce la fuerza de nuestra sexualidad y nos exhorta a canalizarla dentro de la institución matrimonial: «El marido cumpla con la mujer el deber conyugal, y asimismo la mujer con el marido. La mujer no tiene potestad sobre su propio cuerpo, sino el marido; ni tampoco tiene el marido potestad sobre su propio cuerpo, sino la mujer. No os neguéis el uno al otro...» (I Corintios 7: 3 - 5).

En la carta a los Gálatas, Pablo nos exhorta a andar en el Espíritu y abstenernos de las obras de la carne:

...que son: adulterio, fornicación, inmundicia, lascivia, idolatría, hechicerías, enemistades, pleitos, celos, iras, contiendas, disensiones, herejías, envidias, homicidios, borracheras, orgías, y cosas semejantes a estas; acerca de las cuales os amonesto, como ya os lo he dicho antes, que los que practican tales cosas no heredarán el reino de Dios. Mas el fruto del Espíritu es amor, gozo, paz, paciencia, benignidad, bondad, fe, mansedumbre, templanza; contra tales cosas no hay ley (Gálatas 5: 19 - 23).

Es de suma importancia observar que cuando Pablo habla de la dicotomía *carne/Espíritu*, el concepto *carne* no se refiere al cuerpo en oposición al alma. Las obras de la carne que acabamos de enumerar incluyen actividades que no son del cuerpo, sino más bien de nuestro espíritu, como es el caso de las enemistades, las envidias y las contiendas. De lo que se trata es de dos maneras opuestas de vivir la vida —de vivirla **en cuerpo y alma**— o bajo el dominio de nuestra naturaleza, o bajo el dominio del Espíritu con mayúscula.

Lo que me parece esencial que comprendamos, en términos de la visión moral del Nuevo Testamento, es que ya no se trata de una simple lista de prohibiciones, sino del esfuerzo por vivir la vida en relación de amistad con Dios. Por eso afirma Pablo en I Corintios que todas las cosas son lícitas, pero que no todas convienen y que no debemos dejarnos dominar de ninguna (I Corintios 6: 12). Por eso añade, en I Timoteo, que todo lo que Dios creó es bueno, «y nada es de desecharse si se toma con acción de gracias» (I Timoteo 4: 3). Y por eso nos invita, en la carta a los Romanos, a vestirnos del Señor Jesucristo (13: 14) y nos enseña que «el cumplimiento de la ley es el amor» (13: 10). La relación que establecemos con Dios, por medio de la fe en Jesucristo, ya no se basa en la ley, sino en el amor, el cual debe servirnos de criterio y acicate en todas nuestras decisiones éticas y morales.

¿Qué diremos, pues? ¿Cuál deberá ser nuestra actitud ante la sexualidad y cómo debería participar la iglesia de Jesucristo en el debate público sobre los temas relacionados con el sexo? Es mi parecer, a base de mi lectura de las Escrituras, que estamos llamados a vivir nuestra sexualidad con gozo y alegría dentro del vínculo del amor. Que, como buenos mayordomos de todos los bienes que Dios nos ha dado, debemos mantener nuestra sexualidad bajo nuestro control antes que dejarnos controlar por ella. Que, como con todos nuestros apetitos, debemos disfrutarla con responsabilidad y moderación.

Estoy seguro de que algunos considerarán mi postura demasiado conservadora, mientras que otros quizás me acusen de libertino. La verdad del caso es que soy partidario del justo medio. Defiendo con fervor la virtud de la templanza o moderación. Mi experiencia de vida me ha permitido comprender los efectos reales del pecado en las vidas de las personas, incluyendo el pecado de índole sexual. Concibo la sexualidad como una energía vital que tenemos que canalizar y represar si no queremos que nos avasalle. Entiendo que las advertencias bíblicas sobre la sexualidad, así como las advertencias sobre los excesos en el uso del vino, procuran invitarnos a vivir una vida de verdadera libertad espiritual; libertad que no es posible si nos hacemos esclavos de nuestros apetitos. Coincido plenamente con el apóstol Pablo en que los frutos del

Espíritu—el gozo, la paz, la bondad—no se encuentran por el camino de la destemplanza.

Entiendo, pues, que la iglesia verdaderamente evangélica, esa iglesia que ha comprendido que el único fundamento de la vida cristiana es el amor, tiene la responsabilidad de poner a un lado toda mojigatería para intervenir con sosiego y mesura en el debate público sobre los temas relacionados con el sexo.

Porque no es posible amar y callar a la vez cuando nuestros jóvenes se enferman de SIDA o cuando se les troncha toda posibilidad de futuro por un embarazo prematuro. Porque si dialogamos con nuestros jóvenes sobre estos temas quizás ya no tengamos que preocuparnos tanto por las medidas que el gobierno tome en descarga de su responsabilidad con la salud pública. Ciertamente, al participar en el diálogo público sobre la sexualidad, la iglesia no podrá dejar de proclamar sus valores —la moderación, la templanza, la abstinencia, la sexualidad dentro del vínculo del amor — valores íntimamente ligados a la vida bajo la guía del Espíritu. Pero, si es que vamos a dialogar en vez de sermonear, tendremos que mirar con honestidad la difícil situación por la que atraviesa el País en términos de salud pública. Para nada sirven nuestras piadosas referencias a los valores de la familia, mientras se nos mueren nuestros jóvenes, tanto espiritual como físicamente. Para nada sirve nuestra indignación con las propuestas del gobierno, si no tenemos la capacidad de indignarnos ante las estadísticas de enfermedad y de muerte.

Ahora bien, por las mismas razones históricas que nos han hecho tan difícil hablar del sexo, la iglesia ha cultivado, paradójicamente, una actitud también obsesiva ante la sexualidad. Hemos convertido el pecado sexual en el emblema del Pecado con mayúscula. Incluso, nuestra tendencia más reciente es hacer del homosexual el emblema del Pecador con mayúscula. ¿Podemos pecar sexualmente? Sí, sin lugar a dudas. ¿Pero, acaso no hay pecados sexuales verdaderamente abominables, como la pedofilia? Claro que los hay; claro que nuestra sexualidad puede hacer erupción de maneras terriblemente perversas. Pero, el pecado de índole sexual más común, ese pecado sexual que es consecuencia de nuestra debilidad, que ya no de nuestra perversidad, es sólo uno de nuestros muchos pecados. Y si nos dejáramos llevar por los valores que representa Jesús, según el testimonio de los evangelios, tendríamos que concluir que ese pecado sexual de debilidad no es ni siquiera de los más serios.

En la lista de pecados u obras de la carne que Pablo menciona en su carta a los Gálatas están incluidos los pecados de naturaleza sexual, es cierto, pero también aparecen pecados como las enemistades, los celos, las iras, las contiendas. ¿Cuándo fue la última vez que usted supo de una iglesia que expulsara a algún miembro por el pecado de los celos? ¿Y cuándo fue la última vez que a una iglesia la quiso expulsar su denominación por acoger personas contenciosas entre sus miembros, o personas chismosas, o personas enemistadas con su prójimo? Sin embargo, la última moda entre los evangélicos, tanto en Estados Unidos como en Puerto Rico, parece ser la inquisición contra los homosexuales. Mi propia iglesia en Atlanta, Oakhurst Baptist Church, está a punto de ser expulsada de la convención bautista del estado de Georgia porque tiene homosexuales entre sus miembros. Pero, ¿qué haría Jesús en nuestro lugar en este tipo de situación? ¿Qué haría Jesús?

No hay mejor texto en los evangelios para poner el pecado de índole sexual en su justa perspectiva que el pasaje de la mujer adúltera en el evangelio de Juan. Aquellos hombres tan aparentemente santurrones estaban decididos a matar a la mujer por su pecado de adulterio. Y Jesús, con toda calma y sosiego, como para introducir una pausa en la histeria colectiva, un hiato que calmara los ánimos, se inclina hacia el suelo y escribe algo en la tierra. Nunca sabremos cuál sería el contenido de aquel mensaje escrito sobre tierra. Pero el gesto de Jesús culmina en el reto clave para toda situación análoga: «El que de vosotros esté sin pecado sea el primero en arrojar la piedra contra ella» (Juan 8: 7). El que de vosotros tenga las manos totalmente limpias de toda debilidad y de toda perversidad, sea el que comience la ejecución pública. El reto de Jesús es para nosotros también.

¿Cómo es posible que, ante un testimonio tan claro, sigamos los cristianos, dos mil años más tarde, empeñados en lapidar a los pecadores? ¡Si los pecadores somos nosotros mismos! ¡Si Jesús no encontraba como más decirnos que prefería mil veces a esas personas que pecaban por causa de su debilidad que a los fariseos santurrones cuyo perverso pecado era tener una piedra, lista para lanzarla contra el prójimo, donde se suponía que tuviesen el corazón!

Hace muchos años, cuando vivía en un campo de Trujillo Alto y acababa de convertirme al evangelio en la Iglesia Bautista Sión, tuve una experiencia que hoy viene a mi auxilio para tratar de hacerles comprender estas palabras duras que el Espíritu pone en mi corazón. En casa no había dinero para dos autos, así que yo me transportaba de la Universidad al trabajo en carro público. Una tarde, mientras viajaba de Río Piedras a Trujillo Alto, subió al carro un joven obviamente homosexual. No tardaron las pedradas, esta vez convertidas en palabras, en chistes, en comentarios, en risotadas. Era como si la homosexualidad visible de aquel joven lo hubiese puesto fuera del alcance de todo respeto y de toda compasión. Y no hubo nadie en el carro público que se doblara a escribir en la tierra. No hubo nadie en el carro público, ni siquiera este cristiano recién convertido, que introdujera una pausa, un hiato, que nos hiciera recapacitar. Les aseguro, hermanos y hermanas, que más grande fue mi pecado aquel día, que cualquiera que hubiese podido cometer aquel joven desafortunado.

Ya es hora de que decidamos si vamos a ser la iglesia de Jesucristo o la iglesia de los fariseos; si vamos a ser la iglesia de la ley despiadada o la iglesia de la gracia redentora y generosa que absuelve el pecado de todos los que queremos seguir a Jesús, de esa gracia que nos levanta, una y otra vez, recordándonos que Dios nos ama incondicionalmente. No seamos hipócritas. Claro que nuestra sexualidad puede ser ocasión de pecado, pero también puede serlo nuestra falta de generosidad y de compasión; también puede serlo nuestro egoísmo. ¿Quién de nosotros se atrevería a levantar la mano esta mañana si el Señor nos preguntara si estamos libres de pecado? ¿Desde cuándo es la iglesia de Jesucristo el lugar donde los perfectos, los puros, los intachables vienen a levantar la mano? ¿O no es acaso la iglesia, por el contrario, el lugar donde los caídos, los atormentados, los pecadores encuentran la oportunidad de levantar sus manos para afirmar que quieren aprender a vivir bajo el señorío de Jesús? Si algún significado tiene la actitud crítica y huraña de Jesús frente a los fariseos, es precisamente que más se ofende Dios ante la perversidad del mojigato que se auto proclama juez de su prójimo, que ante la debilidad del pecador. Para nuestra debilidad existe la medicina de la gracia. Pero ¿qué medicina hay para nuestra arrogancia cuando usurpamos el lugar del Espíritu Santo?

Hermanas y hermanos, sentémonos a la mesa del diálogo y hablemos de sexo en paz; sin histerias, sin aspavientos ni sermoneos. Aportemos al debate público nuestro más preciado tesoro: el mensaje de amor, de gracia, de perdón, de mesura, de templanza, de compasión y de humildad de nuestro Señor Jesucristo.

Para ti, Annie

Comentario sobre el sermón
"Hablemos de sexo en paz"

Método homilético

"Hablemos de sexo en paz" es un sermón "temático". Los sermones temáticos analizan un aspecto de un asunto, tema o doctrina a la luz de las escrituras, la historia de la iglesia y la teología cristiana. En este caso, Sandín analiza las actitudes de la iglesia ante la sexualidad humana, invitando a la comunidad cristiana a entrar en un diálogo franco sobre el tema.

Este sermón sigue la estructura del sermón tradicional. Comienza con una larga y jocosa introducción al tema. El uso del humor en esta parte del sermón es sumamente efectivo. El cuerpo del sermón desarrolla el tema en tres secciones o, en lenguaje homilético, en tres "puntos". El primero habla sobre la sexualidad en la cultura puertorriqueña. El segundo explora las enseñanzas bíblicas sobre la sexualidad. El tercero pregunta cuál debe ser la actitud "cristiana" ante la sexualidad. En esta última sección encontramos el tema central del sermón. La conclusión nos invita a considerar cuál sería la actitud de Jesús ante los debates sobre la sexualidad que sacuden a la iglesia contemporánea.

Crítica bíblica y teológica

Como indicamos en la sección anterior, este es un sermón temático. A diferencia del sermón expositivo, este tipo de sermón no analiza un solo texto bíblico en detalle. Por el contrario, presenta distintos argumentos bíblicos, teológicos, históricos y pastorales.

Sandín comienza su sermón en ánimo de análisis sociológico y antropológico, explorando la actitud de la comunidad puertorriqueña ante la sexualidad. De ahí pasa a presentar argumentos tomados de la historia tanto de la teología como de la iglesia cristiana. En el "segundo punto" del cuerpo del sermón, resume algunas de las enseñanzas del Antiguo y del Nuevo Testamento sobre la sexualidad humana. El "tercer punto" habla sobre la doctrina cristiana con respecto al pecado ("hamartiología"), cuestionando la forma como en la comunidad cristiana puertorriqueña la homosexualidad se ha convertido en el pecado por antonomasia.

La conclusión adquiere un fuerte sabor cristológico al preguntarse el predicador cuál sería la actitud de Jesús con respecto al tema. Responde citando Juan 8:1-11, donde Jesús se niega a condenar a la persona señalada como pecadora.

Aspectos pastorales

Este sermón trata el tema de la sexualidad humana con una alta sensibilidad pastoral. Desde el primer párrafo, vemos como Sandín usa el humor para crear un ambiente poco amenazante que permita que la audiencia se sienta a gusto a pesar de la dificultad del tema. El tono general del sermón es fraternal, no condenatorio.

Ahora bien, esto no quiere decir que Sandín tema usar la palabra profética. Por el contrario, vemos con claridad cómo condena los extremos. Por un lado, condena la mojigatería y la hipocresía. Por otro lado, condena la pornografía y el hedonismo. Sandín critica a aquellas personas que usan la fe como un arma para atacar a los demás, falsificando el evangelio de amor al convertirlo en instrumento del odio. La conclusión del sermón nos remite a Jesús, presentándolo como el ejemplo máximo para el discipulado cristiano. En esta sección vemos con mayor claridad la calidad pastoral del sermón. Habiendo dejado clara su posición contra el hedonismo y contra el uso irresponsable de la sexualidad, Sandín nos llama a imitar el amor divino hacia las personas que no logran controlar su sexualidad.

Espiritualidad y fe

De primera intención, este sermón puede parecer poco "espiritual". Esto se debe principalmente a la manera en que la cristiandad ha dividido al ser humano en dos partes: la "carne" y el "espíritu". A muchos se nos hace difícil que un sermón sobre un tema tan "carnal" como la sexualidad sea "espiritual". Sin embargo, basta repasar la manera como Sandín exalta a Jesús como el modelo a seguir para la persona que desea transitar el difícil camino del discipulado cristiano para comprender que éste es un sermón profundamente espiritual. En este sentido, el sermón nos llama a contemplar a Jesús, a poner nuestros ojos en "el autor y consumador de la fe" (Heb. 12:2.) Es decir, el sermón nos llama a la contemplación espiritual. Otro elemento que resalta la espiritualidad de este sermón es el llamado a dialogar en paz con los demás. Para dialogar "en paz" es necesario tratar a los demás como compañeros, no como enemigos. Es necesario tratar a los demás con amor y dignidad, no con odio y mofa. Es necesario ver al "otro" como criatura del único y amoroso Dios.

Preguntas para la reflexión

• Los sermones temáticos analizan un aspecto de una doctrina cristiana o de un tema pertinente para la fe. En este caso, el sermón explora el tema de la sexualidad humana. Algunos expertos piensan que el sermón no es un vehículo adecuado para tratar temas como éste, ya que no le permite a la audiencia hacer preguntas para clarificar dudas. ¿Qué cree usted? ¿Considera que ésta es una manera efectiva de explorar el tema?

• Sandín describe la situación social actual como una en que se glorifica la sexualidad irresponsable y el hedonismo. ¿Estamos de acuerdo con este análisis? Sandín afirma que "estamos llamados a vivir nuestra sexualidad con gozo y alegría dentro del vínculo del amor". ¿Estamos de acuerdo con esta visión de la sexualidad humana? ¿Por qué?

• El sermón ofrece un criterio cristológico para la ética cristiana, preguntando "qué haría Jesús" ante una situación dada. ¿Acaso es éste un criterio adecuado? ¿Por qué?

La encarnación:
misterio del amor de Dios
Juan 1: 14; 3: 16-17

… lo que no tiene iniciación empieza,
lo que no tiene espacio se limita,
el día se transforma en noche oscura,

se convierte en pobreza la riqueza,
el modelo de todo nos imita,
el Creador se vuelve criatura.

Francisco Luis Bernárdez[1]

Y el Verbo se hizo carne, y habitó entre nosotros (y vimos su gloria, gloria como del unigénito del Padre) lleno de gracia y de verdad (Juan 1: 14).

El versículo que acabo de citar, sin duda uno de los más conocidos del Nuevo Testamento, es también uno de los más preñados de misterio. ¿Qué quiere decir eso de que el Verbo se hizo carne? ¿Qué importancia tiene para nuestras vidas esa encarnación enigmática que anuncia este versículo?

La encarnación y la resurrección son los misterios más insondables de nuestra fe. No habría cristianismo sin esos dos sucesos históricos que paradójicamente están fuera del alcance de todo esfuerzo historiográfico. Es fundamento y contenido de nuestra fe que el Verbo se hizo carne; que Dios, trascendental e inefable, se manifestó en la persona y en la vida y en la muerte y en la resurrección de un hombre de carne y hueso llamado Jesús

---

[1] Fragmento del *Soneto de la Encarnación*. José Olivio Jiménez, ed. *Antología de la poesía hispanoamericana contemporánea 1914-1970* (Madrid: Alianza Editorial, 1971), 222-23.

de Nazaret. Pero esa verdad que da sentido y dirección a nuestras vidas está fuera del alcance de la historia en cuanto ciencia de los sucesos pasados.

Porque el historiador encontrará evidencia de que existió ciertamente un hombre llamado Jesús y que fue crucificado en tiempos de Poncio Pilato y que los hechos de su muerte provocaron un movimiento espiritual sin precedentes que ha permitido que, dos mil años más tarde, tú y yo rememoremos aquellos sucesos, conmovidos aún por su impacto luminoso sobre nuestras vidas.

Pero el historiador no podrá demostrar que, en efecto, aquel hombre fuera Dios. Porque esa afirmación ya no pertenece al orden de la ciencia ni de la historia, sino que pertenece al orden de la fe: "la certeza de lo que se espera, la convicción de lo que no se ve" (Hebreos 11: 1). Y aunque sea difícil para nosotros, tan criaturas del siglo, prescindir de las certezas nítidas de la ciencia, tendremos que conformarnos con la grandeza y la miseria de nuestra fe y rendirnos, una y otra vez, delante del misterio: el Verbo se hizo carne, lleno de gracia y de verdad, y habitó entre nosotros.

Pero preferiríamos ver y tocar, como Tomás; preferiríamos que los científicos anunciaran que han logrado demostrar, más allá de toda duda... y de toda fe, que la imagen del manto de Turín es, en efecto, la fotografía milagrosa de la resurrección de Jesús. Preferiríamos que algún reputado arqueólogo publicara un sesudo ensayo en el cual diese cuenta de sus hallazgos: que, en efecto, el agua fue hecha vino, y que ciertamente sólo quedaban cinco panes y dos peces en la canasta, y que la tumba, más allá de toda duda... y de toda fe, estaba verdaderamente vacía. En el fondo, preferiríamos no tener que creer.

Pero yo quisiera invitarte a explorar conmigo el misterio de la encarnación. Y no podrá ser con afán científico ni historiográfico que lo hagamos. Porque, a pesar de sus importantes logros, ni la ciencia ni la historia tienen la facultad de guiarnos por los caminos del misterio. Ni el telescopio ni el microscopio tienen la habilidad de enfocar sus lentes sobre el misterio trascendental. Para nuestro recorrido, pues, tendremos que valernos de otros instrumentos: de la imaginación, de la poesía, de la espiritualidad, de la humildad, de nuestro encuentro personal con el Resucitado. Volvamos entonces al comienzo:

Y el Verbo se hizo carne, y habitó entre nosotros (y vimos su gloria, gloria como del unigénito del Padre), lleno de gracia y de verdad.

Permitamos que sea otro breve pasaje del mismo evangelio de Juan el que ilumine nuestra reflexión:

Porque de tal manera amó Dios al mundo, que ha dado a su Hijo unigénito para que todo aquel que en él cree, no se pierda, más tenga vida eterna. (Juan 3:16)

Treinta palabras contiene el versículo. Treinta palabras que encierran el evangelio completo en cápsula. Aquí está todo. Casi podríamos decir que el resto del Nuevo Testamento no es sino comentario de esta maravillosa verdad teológica. Aquí está la buena nueva de nuestra salvación por medio de la fe en Jesucristo. Pero, además, aquí está la ayuda idónea para que podamos comprender, si no el misterio, al menos el propósito de la encarnación. ¿Para qué se encarna el Verbo? El Verbo se hace carne para que conozcamos el amor de Dios y para que, conociéndolo, seamos poseedores de la vida eterna.

Porque de esa manera amó Dios al mundo: tan intensamente que ha querido hacerse íntimo con nosotros. Ha querido caminar con nosotros, comer con nosotros, celebrar con nosotros, llorar con nosotros. Porque de esa manera amó Dios al mundo: tan agudamente que ha estado incluso dispuesto a conocer, desde la cruz, la experiencia harto humana de sentirse olvidado por Dios mismo. La encarnación es, pues, una carta de amor inscrita sobre el cuerpo mismo de un hombre en quien la grandeza divina se nos revela como despojada de sí misma (Filipenses 2: 7).

De tal manera nos ha amado Dios que ha querido hacerse como nosotros, despojándose de aquella majestad terrible que hacía temblar a los profetas y exclamar: "¡Ay de mí! que soy muerto, porque... han visto mis ojos al Rey, Jehová de los ejércitos" (Isaías 6: 5). En Jesús, ya no nos hace temblar la majestad de Dios, como no sea con la emoción de sabernos tan profundamente amados. En Jesús se nos revela el deseo ardiente de Dios de que le conozcamos como la fuente honda, insondable, de la cual brota todo amor.

No nos sorprende, pues, que los místicos de todas las épocas, tan marcados por la experiencia de Dios, hayan utilizado el lenguaje del amor, incluso del amor erótico, para hablarnos de su experiencia de éxtasis: "conozco cuáles son tus reacciones", le dice Ernesto Cardenal a su Dios amado, "porque conozco la psicología del enamorado. Y tú estás perdido por mí y me amas con locura".[2] Y en otro de sus poemarios añade: "Cierro los ojos/ y te acercas más / qué bien conozco tu sabor / y vos el mío, / [...] caricia callada / en la noche oscura de la nada".[3]

Si te pareces en algo a mí, es probable que te incomode un poco que se hable de Dios y de lo erótico en una misma oración. Nos han convencido de que Dios, "el inventor del sexo, de las caricias, de la voluptuosidad y de la poesía", según el decir del propio Ernesto Cardenal,[4] se ha lavado las manos de su creación para convertirse en un viejo mojigato y melindroso, incapaz de sentir los revuelos de un corazón apasionado. Pero, si nos aferrásemos a esa imagen puritana de Dios, ¿qué haríamos con ese librito erótico que contienen nuestras Biblias entre Eclesiastés e Isaías: "¡Oh, si él me besara con besos de su boca!" (Cantar 1: 2), suspira la esposa del *Cantar de los cantares*, en alusión metafórica al deseo de Dios que sienten nuestras almas. Si persistiésemos en ver a Dios como un ser frío e impasible, ¿qué haríamos con el siguiente pasaje del *Cantar*, en el cual nuestra espera de Dios asume los rasgos de la espera, a veces frustrada, del amado?:

---

[2] *Vida en el amor*, 98. Citado en Luce López-Baralt y Lorenzo Piera, eds. *El sol a medianoche; La experiencia mística: tradición y actualidad* (Madrid: Editorial Trotta, 1996), 34.

[3] *Cántico cósmico*, 390. Citado en López-Baralt y Piera, 40.

[4] *Vida en el amor*, 102. Citado en López-Baralt y Piera, 35.

Yo dormía, pero mi corazón velaba. Es la voz de mi amado que llama: Ábreme, hermana mía, amiga mía, paloma mía, perfecta mía... Mi amado metió su mano por la ventanilla, Y mi corazón se conmovió dentro de mí. Yo me levanté para abrir a mi amado, y mis manos gotearon mirra, Y mis dedos mirra, que corría sobre la manecilla del cerrojo. Abrí yo a mi amado; pero mi amado se había ido, había ya pasado; y tras su hablar salió mi alma (Cantares 5: 2- 6).

¿Qué haríamos, pues, con el regocijo que sentimos al sabernos representados, en el libro del Apocalipsis, por la imagen de aquella nueva Jerusalén que desciende del cielo, "como una esposa ataviada para su marido" (21: 2) y que clama, asistida por el Espíritu, para que ya venga su Señor y conozcamos al fin lo que ahora sólo conocemos como por espejo, oscuramente: "Y el Espíritu y la Esposa dicen: Ven. Y el que oye, diga: Ven. Y el que tiene sed, venga; y el que quiera, tome del agua de la vida gratuitamente" (22: 17)?

Pero no quiero que te despistes por culpa de mis digresiones. Quiero que veles conmigo, porque quiero que juntos sigamos puntualizando la intensidad del amor con que Dios nos ama: un amor tal que sólo podemos describirlo, a pesar de la insuficiencia de nuestras palabras, por medio de imágenes tomadas de la experiencia humana del amor.

Pero, si Dios nos ha amado así, como para buscar la intimidad con nosotros, como para hacerse como tú y como yo, ¿qué implicaciones tiene esto para nuestra vida? En otras palabras, ¿cómo hemos de vivir los que sabemos que Dios es amor? Creo que la respuesta reside precisamente en la encarnación.

Para confesarnos su amor, como hemos visto, el Verbo se hizo carne de nuestra carne. ¿Seremos capaces de comprender esta verdad? ¿Estará a nuestro alcance siquiera vislumbrar lo que significa que el Ser Supremo, la fuente de toda grandeza, de todo bien, de toda belleza, de toda justicia, de toda magnanimidad, esté dispuesto a hacerse como nosotros—flores de abrojo—para que sepamos, al fin, que nos ama con todo el amor del universo? ¿Y qué nos pide a cambio que podamos nosotros dar? ¿Cómo seremos capaces de corresponder a ese amor, nosotros que ni siquiera a nuestros hijos sabemos amar perfectamente?

Nos pide que creamos, para que, creyendo, no nos perdamos sino que tengamos vida eterna. Y aunque no sea fácil creer, siquiera por el apuro de no perder la vida eterna, también nos pide algo más difícil: "Un mandamiento nuevo os doy: Que os améis unos a otros; como yo os he amado, que también os améis unos a otros" (Juan 13: 34).[5] No es de poca monta lo que nos pide, porque si bien es difícil creer, mucho más difícil es amar como Dios nos ha amado. ¿Quieres que te diga la verdad? Creo que ni siquiera es posible. No tenemos la capacidad de amar con esa suerte de amor. Pero Dios lo sabe y sabe también que no hay mejor empresa, a la cual podamos dedicarle nuestras vidas, que la empresa de ese amor imposible. Como ha dicho el filósofo francés Jean-Paul Sartre, "los ideales son como las estrellas: nunca las alcanzaremos. Pero igual que los marineros en alta mar, trazaremos nuestro camino siguiéndolas".[6] Y la vida del cristiano no puede abrirse un mejor camino que aquel que se traza en pos de la estrella del amor.

¿Cómo puede el misterio de la encarnación ayudarnos a trazar ese camino? Si Dios, con el fin de declararnos la pasión con que nos ama, se ha hecho como nosotros, salvo en el pecado, ¿no estaremos nosotros llamados a encarnarnos en nuestro prójimo con el fin precisamente de amarle como Dios nos ha pedido que le amemos? Si Dios, para decirnos su amor infinito, ha querido hacerse como nosotros, conocernos íntimamente, ¿no estaremos nosotros llamados a ponernos en el lugar de nuestro prójimo

---

[5] El estudio de las escrituras juaninas no nos autoriza a entender este "nuevo" mandamiento más allá de los límites de la relación entre los discípulos. Sin embargo, Juan 3: 16, con el auxilio del concepto más amplio del gran mandamiento en los Sinópticos, nos permite comprender el amor entre los discípulos como señal de un amor más abarcador, más parecido al amor de Dios.

[6] Citado como epígrafe en Ignacio Larrañaga, *Transfiguración: un programa de santificación cristificante* (Madrid: San Pablo, 1997).

con el fin precisamente de amarle como Dios nos ha pedido que le amemos?

Me estremece la encomienda, porque las más de las veces mis afectos se mueven en la dirección contraria. En vez de ponerme en tu lugar, quiero que tú te pongas en el mío. En vez de escucharte, quiero que me escuches. En vez de darte gozo, quiero recibirlo. En vez de comprenderte, quiero que me comprendas. Esta es mi biografía y me temo que se parezca quizás a la tuya. Esta es incluso nuestra biografía como cristianos. Porque consistentemente, a lo largo de la historia del cristianismo, esa ha sido la dirección de nuestros afectos. En vez de hacernos íntimos con los demás, salvo en el pecado si lo hubiere, hemos querido que la otra y el otro se hagan como nosotros. Y para lograr esa colonización de los espíritus hemos estado dispuestos a juzgar, a excomulgar, a expulsar, a destruir, a levantar hogueras, a matar. Hemos estado dispuestos a destruir al otro y a la otra antes que hacer el esfuerzo de ponernos en su lugar, de escucharle, de conocerle. Habría tantos ejemplos que ofrecer, tantas terribles memorias que preferiríamos olvidar. Baste recordar que la esclavitud de los africanos contó con la bendición eclesiástica. Se justificaba esclavizar el cuerpo del africano con el supuesto fin de salvar su alma. No olvidemos tampoco, que la más grande denominación bautista en los Estados Unidos, la Convención Bautista del Sur, surgió de la negativa de los bautistas de los estados sureños a prescindir de la institución de la esclavitud, para lo cual no les faltó siquiera un pasaje bíblico, Efesios 6: 5, que apoyara su posición.

Pero, no envió Dios a su Hijo al mundo para condenar al mundo, sino para que el mundo sea salvo por él (Juan 3: 17).

Como si hiciera falta decirlo, después de habernos declarado su amor en el versículo anterior, Dios insiste en que no es su voluntad condenar, sino salvar. Si acaso hay condenación, de acuerdo con la teología del evangelio de Juan, es la auto condena de aquellos que, teniendo de frente la luz verdadera que alumbra a toda persona, no la reconocieron (Juan 1: 9-11). Es la triste auto condena del que no tiene la capacidad de dejarse amar por Dios.

A gritos nos dice la Escritura, de tapa a tapa, que toda ella se resume en el gran mandamiento: «Amarás al Señor tu Dios con todo tu corazón, y con toda tu alma, y con toda tu mente... Amarás a tu prójimo como a ti mismo» (Mateo 22: 37 y 39). Nosotros hemos preferido fijar nuestra atención en otros versículos, en otros pasajes, en otras letras. Como el fariseo, olvidamos el gran mandamiento y nos empeñamos en las pequeñas leyes, incluso a riesgo de ponerle cortapisas al amor con que Dios nos ama y quiere que nos amemos. ¿No es ése acaso el gran pecado del fariseo? ¿No es ésa la explicación de los tantos reproches que le hace Jesús? Porque el fariseo, quizás como tú y como yo, es la persona religiosa que, olvidada de los beneficios inmerecidos que ha recibido de su Creador, levanta la imperfección de su prójimo como obstáculo, como barrera, frente al amor de Dios. Como lo hizo ante al publicano humillado del evangelio de Lucas (18:9-14), todavía hoy nos dice el fariseo: "Dios no te puede amar a ti, como me ama a mí, porque tú no eres perfecto ... Porque no crees en los dogmas en que yo creo ... Porque no observas las normas ni los ritos que yo guardo... Porque no te vistes como me visto yo... Porque no llevas el cabello como lo llevo yo... Porque bailas y acaso bebes ... Porque tú amas a quien no debes amar".

El fariseo es, quizás como tú y como yo, el narcisista por excelencia, el que vive con la certeza de que Dios lo ha amado por lo que es y no a pesar de lo que es. Por eso se atreve a pedirte que te hagas como él si acaso quieres tener el favor de Dios. Por eso ni siquiera se le ocurre sospechar que quizás sea él quien debe hacerse como tú, para conocerte, como Dios te ha querido conocer, para amarte, como Dios te ha querido amar.

Hace apenas algunas semanas, la Convención Bautista del Estado de Georgia, por primera vez en los 177 años de su historia, tomó la decisión de expulsar a dos iglesias, una de ellas, la Iglesia Bautista de Oakhurst, mi iglesia en Atlanta, la iglesia donde mis hijos Alexa y José conocieron al Señor y se bautizaron. Se expulsó a estas iglesias porque tienen homosexuales entre sus miembros, incluso en posiciones de liderato. No se hizo siquiera un serio esfuerzo de ponerse en el lugar de los miembros de estas iglesias, mayoritariamente heterosexuales, para tratar de comprender las razones por las cuales han llegado a la posición teológica y bíblica que informa su vida como comunidad cristiana. Se citaron varios pasajes bíblicos, se acusó a las iglesias de ignorar voluntariamente la Biblia, incluso de ser apáticos a las Escrituras, y se les expulsó. Y nuestro primer impulso, ciertamente, será coincidir con ese juicio severo. Porque, ¿cómo puede pretender llamarse cristiana una iglesia que no sigue al pie de la letra lo que dice Pablo contra los homosexuales?

Lo curioso es que nadie quiso fijarse en la historia de esas iglesias. Nadie recordó que en los años sesenta, cuando los negros comenzaron a establecerse en los suburbios de Atlanta, fueron muchas las iglesias cristianas que se mudaron, apertrechadas de pasajes bíblicos, antes que contaminarse con la presencia de negros en su medio. Pero Oakhurst tomó la decisión de permanecer en aquella comunidad, segura de que no estaban allí por casualidad sino por la voluntad de Dios. Nadie quiso recordar que hace cerca de veinte años que Oakhurst se ha dado a la tarea de vestir al desnudo y darle de comer al hambriento, habilitando un refugio en las facilidades del templo. Nadie quiso recordar que en esa iglesia se creó la revista *Seeds*, de circulación mundial, por medio de la cual se procura identificar y combatir las causas del hambre en el mundo.

Mientras se citaban los seis pasajes bíblicos, tres en al Antiguo Testamento y tres en el Nuevo, que condenan la homosexualidad, a nadie se le ocurrió citar el raudal de pasajes bíblicos, tanto del Antiguo como del Nuevo Testamentos, que nos invitan a la compasión, a la misericordia, a la solidaridad. Nadie quiso recordar aquel pasaje bíblico en el evangelio de Mateo, en el cual Jesús mismo nos reprocha que tuvo hambre y no le dimos de comer, que estuvo desnudo y no lo vestimos. Nadie quiso presentar una moción para expulsar de la denominación a las iglesias que parecen haberse olvidado de la verdad divina que nos revela Mateo 25.[7]

Sin embargo, Jesús nunca habló de la homosexualidad, sino que no cesó de repetirnos que miráramos primero la viga en nuestro ojo antes que la paja en el ojo ajeno; que estuviésemos seguros de estar libres de pecado, antes de lanzar la piedra contra nuestra hermana; que entregásemos nuestras riquezas a los pobres si acaso queríamos ser perfectos. ¿Acaso no hay muchísima más evidencia bíblica a favor del mandamiento del amor y de la solidaridad que a favor de los pasajes que señalan la homosexualidad como pecado? ¿Por qué, entonces, a la hora de levantar nuestras manos, escogemos precisamente al homosexual como blanco de nuestras piedras? ¿Por qué no lanzamos piedras de indignación contra nuestros propios pecados?

Pero es que el fariseo es aquél que, quizás como tú y como yo, se empeña en llevar cuentas porque todavía no ha logrado comprender el alcance de la gracia y del amor divinos.

Viene a mi memoria el funeral de mi padre. Mientras me consolaba imaginándome el abrazo, al fin sin límites, en que se fundían mi padre y mi Dios, el sacerdote hacía un esfuerzo en su homilía por explicar la misa fúnebre como una iniciativa de los deudos para completar el cúmulo de obras que podrían faltarle a mi padre para merecer la entrada al cielo. Confieso que hubiera preferido, en aquel preciso momento, que se nos invitara a comprender a Dios como el enamorado que los místicos de todas las edades han intuido y han querido darnos a conocer: ese generoso y tierno Padre, ese apasionado enamorado que, cual llama de amor viva, nos acoge en el regazo de su paz.

Y el Verbo se hizo carne, y habitó entre nosotros (y vimos su gloria, gloria como del unigénito del Padre) lleno de gracia y de verdad.

---

[7] La profunda ironía que encierra la decisión de la Convención Bautista de Georgia me la hizo comprender el artículo "Baptists and Gays: Chief Concern is Fidelity to the Word of God", del Reverendo Lanny Peters, pastor de la Iglesia Bautista de Oakhurst, publicado en *The Atlanta Constitution*, el 21 de noviembre de 1999.

Sé que no somos capaces de comprender, en fin de cuentas, el enigma de la encarnación. Quizás sólo podamos atisbar los contornos del misterio si, como nos dice la Palabra, hacemos el esfuerzo de volvernos como niños para así poder entrar en el reino de los cielos (Mateo 18: 3). Volvamos, pues, al asunto—nosotros que ciertamente deseamos entrar en el reino—de la manera más infantil posible.

En la escuela nos enseñaban a leer y a escribir, y nos hablaban del verbo como la parte más importante de la oración. No hay oración sin verbo, nos decían las maestras, como para enseñarnos que, sin el verbo, a la frase le faltaría el corazón. «Mi mamá me ama. Yo amo a mi mamá», rezaba la cartilla fonética. Y era preciso comprender que ese primer verbo que nos presentaban formalmente, «amar», era el corazón mismo de aquellas oraciones elementales. Sin el verbo «amar» las oraciones de la cartilla se quedaban truncas y vacías de significado: «Mi mamá me... Yo... a mi mamá». Pero, al añadirles el verbo «amar», debidamente conjugado, cobraban vida por medio de esa palabra dinámica que ahora latía en su seno.

Al margen de los volúmenes que han escrito grandes teólogos en torno al misterio de la encarnación, digamos, pues, con cierta ingenuidad voluntaria, que lo que el evangelio de Juan desea hacernos comprender es que el corazón de Dios, especie de motor dinámico que sólo sabe amar, se ha hecho carne, se ha vuelto persona y ha vivido entre nosotros.

Enfocado así el misterio, podremos quizás comprender que se hable de Jesús como el Hijo de Dios. Porque los que hemos tenido la bendición de ser padres sabemos muy bien que tener un hijo es como tener el corazón fuera del pecho caminando por esos mundos de Dios. Y eso es, por fin, la encarnación: Dios se arranca el verbo amar del pecho para que lata ahora entre nosotros lleno de gracia y de verdad. Eso es Jesús, Emmanuel: el corazón de Dios con nosotros.

Para mi prima Nilsa Sandín de McAdams

Comentario sobre el sermón "La encarnación: Misterio del amor de Dios"

Método homilético

El sermón temático es uno de los modelos sermonarios básicos. En ocasiones, los sermones temáticos analizan una doctrina, es decir, una de las enseñanzas primordiales de la fe cristiana. Este sermón es un claro ejemplo de un sermón temático-doctrinal. El mismo explora algunos aspectos de la encarnación, una de las doctrinas fundamentales de la fe cristiana.

Podemos clasificar este sermón como uno de diseño tradicional. Este tipo de sermón comienza con una introducción, da paso a un cuerpo dividido en tres secciones o "puntos" y termina con una breve conclusión. En este caso, la introducción presenta la encarnación como una "verdad" que está "fuera del alcance de la historia". El cuerpo del sermón presenta tres secciones o "puntos". El primero estudia el mensaje de Juan 3:16, un versículo que se presenta como "el evangelio completo en cápsula". El segundo trata sobre el amor a los demás, basado en Juan 13:4. El tercero recalca el deseo divino de salvar a la humanidad. La conclusión afirma que la encarnación demuestra el amor de Dios por la humanidad.

Crítica bíblica y teológica

Como es usual en los sermones temático-doctrinales, este sermón no se basa en una sola porción bíblica. Por el contrario, hace referencia a diferentes textos bíblicos que, en esta ocasión, provienen del evangelio según San Juan.

Juan 1:14 es el texto ancla que Sandín coloca al principio de la introducción, del cuerpo y de la conclusión del sermón. Usando un sólido principio de interpretación bíblica, Sandín usa tres versículos bíblicos para explicar e ilustrar el mensaje de su versículo ancla. El primero es Juan 3:16. El estudio de este texto—que comienza con un breve comentario de la frase "de tal manera amo Dios al mundo"—recalca el carácter corpóreo y hasta "erótico" de la encarnación. El segundo es Juan 13:4. En su análisis de este versículo, Sandín recalca la dificultad que tenemos los seres humanos para amar en verdad. Esta dificultad se ilustra con una referencia a la Parábola del fariseo y el publicano (Lc. 18:9-14). El tercero es Juan 3:17. Sandín usa este texto para afirmar que "Dios insiste en que no es su voluntad condenar, sino salvar".

Aspectos pastorales

Al igual que el resto de los sermones recogidos en este libro, este sermón manifiesta una profunda sensibilidad pastoral. La misma se evidencia desde la mismísima introducción, donde el predicador reconoce cuán difícil es aceptar "por fe" las enseñanzas del cristianismo.

La discusión del tema del amor de Dios es otro de los elementos pastorales que se destacan en este sermón. El amor es el sub-tema básico del sermón (quizás de todo el libro). Más aún, el amor es la clave interpretativa que Sandín usa para analizar la doctrina de la encarnación. La manifestación de Dios en Cristo es motivada, sostenida y expandida por el amor divino hacia la humanidad perdida.

Otro ejemplo de sensibilidad pastoral es la manera en que Sandín aborda el tema de la homosexualidad. Tomando como ejemplo el caso de la Iglesia Bautista de Oakhurst, Sandín presenta cómo las comunidades cristianas se empeñan en poner a cierto tipo de personas fuera del alcance de la gracia de Dios. Su reflexión sobre este asunto nos llama a examinar si estamos viviendo el radical amor de Dios.

Espiritualidad y fe

Uno de las características principales de la predicación de Sandín es su profundo sentido de espiritualidad cristiana. Por un lado, el predicador presenta a Dios como el "otro"; como el Dios desconocido y misterioso. Vemos esta velada referencia al pensamiento de Rudolph Otto en frases como "misterio tremendo", cuya presencia destaca el enigma de la fe en el Dios revelado por Jesucristo. Por otro lado, Sandín recalca el profundo amor de Dios por la humanidad. Dios es el amigo solidario que se hace ser humano y viene a nuestro encuentro en la persona de Jesucristo.

Este doble acercamiento a la persona de Dios, le da un sabor peculiar a la predicación de Sandín. En cierto sentido, nos invita a tomar el riesgo de la fe, buscando una relación con este Dios tan distinto a nosotros. Con profunda conciencia de pecado y pequeñez, podemos acercarnos al Dios santo y poderoso que por medio de la encarnación nos ha demostrado su deseo de relacionarse con la humanidad perdida. Dios desea salvarnos; esta "buena noticia" es la clave de la espiritualidad cristiana

Preguntas para la reflexión

• El sermón doctrinal es una variante del modelo temático que expone un aspecto de una doctrina cristiana, es decir, de una de las enseñanzas básicas de la fe. Este sermón habla sobre la doctrina de la encarnación de Dios en la persona de Jesucristo, uno de los puntales de nuestra fe. ¿Qué elementos de este sermón pueden ayudarnos a diseñar nuestros sermones?

• ¿Cómo podemos definir la doctrina de la encarnación? Busque la definición en un diccionario teológico.

• Sandín usa el adjetivo "erótico" para recalcar los aspectos corporales del amor divino. Busquemos la definición de este adjetivo. ¿Cómo podemos entender los aspectos "eróticos" de la fe cristiana"?

• El sermón afirma con tristeza que los seres humanos tenemos dificultades para amar a los demás. Esta afirmación empalma con la discusión de la actitud de la iglesia ante las personas que se definen a sí mismas como homosexuales. ¿Cómo podemos demostrar el amor de Dios hacia personas cuyos valores y cuyos estilos de vida son diferentes a los nuestros?

El misterio del perdón y la reconciliación
Mateo 18: 21-35

> Pero, ante la misericordia de Dios, toda la perversidad del mundo de la cual el hombre es capaz... no es sino un carbón encendido que cae en medio del mar.
>
> *William Langland*[1]

No tenemos paciencia con el misterio, y quizás ésa sea nuestra mayor falta espiritual. Nosotros queremos respuestas, y las queremos claras, medibles, cuantificables. No queremos un Dios inescrutable, cuya majestad nos deje ciegos, como a Saulo, camino de Damasco, ante aquel «resplandor de luz del cielo» (Hechos 9: 3). No queremos un Dios que, ante nuestra insolencia, nos pregunte, como a Job, dónde estábamos cuando él fundaba la tierra (Job 38: 4). Preferimos un dios a la medida de nuestra comprensión humana, un dios permisivo que apruebe nuestras vidas, un dios domesticable que ratifique nuestra avidez de inocencia.

Y, por las mismas razones, no queremos una Biblia que nos obligue a pensar, que nos exija reflexión y discernimiento. No queremos una Biblia que nos haga preguntas. Preferimos una biblia literal, una biblia de letras claras y obvias que podamos leer positivamente como se lee un mapa.

Y yo soy tan culpable de estos deseos idolátricos como cualquiera.

---

[1] Citado en Madeleine L'Engle, *A Live Coal in the Sea* (New York: Harper Collins, 1996), 167.

Pero a veces me ocurre, como de seguro les ocurre a ustedes, que levanto la mirada hacia las estrellas y quedo anonadado de admiración ante el espectáculo tremendo del universo. Y a veces me ocurre, como de seguro les ocurre a ustedes, que palpo la piel de un bebé y huelo su cabecita, y quedo sobrecogido de asombro ante el milagro misterioso de la vida. Y en esos momentos, breves e infrecuentes, ya no pido respuestas, sino que glorifico a Dios por haberme dado el privilegio de ser parte de su creación.

Es en esa actitud de asombro ante el misterio que quisiera compartir con ustedes esta reflexión en torno al perdón y la reconciliación. Porque el terreno que deseo invitarles a recorrer —escenario del drama de nuestra salvación—está sembrado de enigmas insondables.

Imagínense que llegamos una mañana al templo para celebrar los ritos dominicales de nuestra adoración. Y venimos satisfechos. Porque somos creyentes. Porque no estamos perdidos en el mundo, como tantas otras personas, sino que hemos aceptado a Jesucristo como nuestro único Señor y Salvador. Traemos, además, nuestras ofrendas y diezmos como testimonio de nuestra gratitud a Dios y de nuestra obediencia a las Escrituras.

Imagínense que ese día el pastor nos invita a caminar hasta el altar para depositar las ofrendas. Y que justo en el momento en que vamos a poner nuestra ofrenda sobre el altar, oímos una voz que pregunta por nuestra relación con nuestros hermanos y hermanas. Miramos a ambos lados, como para buscar al dueño de la voz, pero muy pronto nos damos cuenta de que nos han hablado al corazón. Imagínense que la voz nos pide que salgamos de allí a reconciliarnos con nuestros hermanos y hermanas antes de depositar las ofrendas…

Esta situación imaginaria es obviamente una paráfrasis de Mateo 5: 23-24. Lo que me impacta de este pasaje es la importancia que concede a la reconciliación como fundamento de nuestra relación con Dios. Porque estos versículos nos dicen que no es posible entrar en relación con Dios—acercarnos al altar para entregarle nuestras ofrendas—si no estamos dispuestos a reconciliarnos con nuestros hermanos y hermanas, si no estamos dispuestos a pedir perdón y a perdonar. En otras palabras, parecería que nuestra reconciliación con Dios descansa sobre nuestra reconciliación con el prójimo.

¿Tan esencial es la reconciliación en la vida cristiana? ¿Tan importante es el perdón en la práctica de nuestra fe?

La evidencia bíblica es contundente; a tal grado que algunos comentaristas bíblicos consideran que el perdón y la reconciliación son el corazón mismo del ministerio de Jesús.[2] En Mateo 6: 5-15, cuando Jesús nos enseña a orar, nos invita a pedir por nuestros cuerpos (el pan nuestro de cada día) y por nuestros espíritus (el perdón y la liberación del mal). Pero, tan importante es el perdón que el evangelista Mateo, al terminar de transcribir la oración de Jesús, siente la necesidad de insistir, y añade: «Porque si perdonáis a los hombres sus ofensas, os perdonará también a vosotros vuestro Padre celestial; mas si no perdonáis a los hombres sus ofensas, tampoco vuestro Padre os perdonará vuestras ofensas» (Mateo 6: 14-15). Tengamos cuenta de que Jesús dirige estas palabras a los creyentes, precisamente a nosotros que queremos aprender a orar.

Tan esencial es el perdón que Jesús, en medio de la terrible tortura de la cruz, cuando llega a sentirse incluso abandonado por Dios, nos da el ejemplo más conmovedor que podamos imaginar: «Padre, perdónalos, porque no saben lo que hacen» (Lucas 23: 34).

Exploremos con mayor detenimiento el misterio del perdón con la ayuda del pasaje que se encuentra en Mateo 18: 21-35. Pedro quiere saber cuántas veces ha de perdonar. El pintoresco Pedro, mi querido tocayo, pide la fórmula y quiere una respuesta clara, medible, cuantificable. Quizás es por eso que él mismo propone una respuesta: «¿cuántas veces perdonaré a mi hermano que peque contra mí? ¿Hasta siete?» (18: 21).

---

[2] «Forgiveness is the point of Jesus' entire ministry». Eduard Schweitzer, *The Good News According to Matthew* (Atlanta, GA: John Knox, 1975), 155.

Es interesante la pregunta-respuesta de Pedro. En primer lugar, ha comprendido que la exigencia de Jesús excede a las exigencias de los fariseos. El principio judío era que se debía perdonar hasta tres veces.[3] La respuesta de Pedro revela, pues, cierta generosidad: perdonar siete veces sería más de dos veces mayor que la norma en vigor. En el fondo, sin embargo, Pedro no ha comprendido nada. Porque, como los fariseos, él insiste en sacar cuentas.

(Es también interesante que Pedro pregunte por las veces que debe perdonar, pero no haga preguntas sobre la necesidad de pedir perdón. Por eso me conmueve Pedro, mi querido tocayo, mi espejo).

La respuesta de Jesús es incisiva: «No te digo hasta siete, sino hasta setenta veces siete» (18:22). «¿Tú quieres hacer cuentas?», parece decirle Jesús, «pues aquí tienes esta ecuación para que te diviertas haciendo el cálculo: setenta veces siete». Cuatrocientas noventa veces. Un montón de veces. Tantas veces que sería ridículo llevar la cuenta. Todas las veces que sea necesario.

Pero Jesús comprende muy bien el espíritu farisaico que vive dentro de cada uno de nosotros y sabe que, en nuestro apego al juicio, seríamos incluso capaces de contar hasta cuatrocientos noventa si fuera necesario. Procede, pues, a narrar uno de sus cuentos maravillosos sobre el reino de los cielos, para que no nos quepa duda del alcance de sus palabras. «Porque el reino de los cielos es semejante a un rey que quiso hacer cuentas con sus siervos...»

¿Tú querías hacer cuentas, Pedro? ¿Tú querías saber cuál es la ecuación del perdón? Pues, figúrate que este rey tenía un siervo que le debía diez mil talentos...

Diez mil talentos. No nos dice nada la suma a nosotros que sólo sabemos de dólares. Pero diez mil talentos era el equivalente de cincuenta millones de denarios, y un denario era el salario de una jornada de trabajo. La deuda de aquel hombre era equivalente a cincuenta millones de jornadas de trabajo. La deuda de aquel

---

[3] Ibid., 377.

hombre era el equivalente de 136,986 años de trabajo. Si hubiese dedicado sesenta años de su vida al saldo de la deuda, habría necesitado casi dos mil trescientas vidas adicionales para llegar a pagar su deuda.

Como el siervo no podía pagar, por supuesto, el rey ordenó que lo vendieran a él, a su mujer, a sus hijos, y todas sus posesiones con el fin de recuperar por lo menos una ínfima parte de lo que se le adeudaba. Postrado, el siervo suplica paciencia a la vez que promete pagar. El rey, movido a misericordia, suelta al siervo y le perdona su deuda.

¿Y tú sabes, Pedro, lo que hizo aquel siervo tan pronto salió de la casa del rey? Se topó con otro siervo que le debía cien denarios, el equivalente a cien jornadas de trabajo, y lo agarró por el cuello para exigirle que le pagara. El pobre hombre, al igual que había hecho el primer siervo delante del rey, se postró ante su consiervo y le suplicó paciencia, prometiendo eventualmente el saldo de la deuda. Pero el primero no quiso, sino que lo mandó a la cárcel.

¿Cuál tú crees, Pedro, que fue la reacción del rey cuando se enteró de lo que había hecho éste su siervo? Claro está, lo mandó a llamar y le reprochó su maldad: «¿No debías tú también tener misericordia de tu consiervo, como yo tuve misericordia de ti?» Y lo entregó a los verdugos hasta que pagase todo lo que debía.

Tú que quieres hacer cuentas, Pedro, ¿podrías calcular la diferencia entre la deuda que el rey perdonó a su siervo y la deuda que éste se negó a perdonar? Cincuenta millones de denarios contra cien denarios. La deuda que el rey perdonó era 500,000 veces mayor que la que el siervo no quiso perdonar. Pero, la diferencia principal no radica en la magnitud relativa de las dos deudas, sino en la distancia astronómica entre la compasión del rey y la mezquindad de su siervo.

No cabe duda, pues, de la importancia que Jesús concede al perdón como la esencia misma de su predicación y de su ministerio. Porque la buena nueva es precisamente la noticia de la compasión sin límites de Dios. La buena nueva es la noticia del amor supremo de Dios, y la encarnación es la forma concreta que asume esa buena nueva. Si ése es el contenido del evangelio que nosotros los cristianos hemos aceptado tan gozosamente, entonces la pregunta del rey a su siervo es la pregunta que Dios nos hace a nosotros: ¿No debes tú también tener misericordia de tu hermano, como yo he tenido misericordia de ti?

Pero esta es la pregunta que los fariseos no queremos escuchar. Porque somos amnésicos. Al igual que al siervo del rey, muy pronto se nos olvida la misericordia incomprensible que Dios ha tenido con nosotros. Y muy pronto asumimos el papel de jueces de nuestro prójimo. Muy pronto se nos olvida la viga que Dios ha sacado de nuestro ojo. Y muy pronto detectamos la paja que nuestro prójimo tiene en el suyo. Muy pronto se nos olvida la buena nueva del perdón de Dios. Y muy pronto llegamos a creernos, como el fariseo del evangelio de Lucas, que no somos como los otros hombres, ladrones, injustos, adúlteros, ni aun como aquel miserable publicano (Lucas 18: 9-14). Demasiado pronto se nos olvida la misericordia de Dios y demasiado pronto estamos dispuestos a olvidar que Dios nos llama a ser misericordiosos.

Pero, ¿por qué, en fin de cuentas, tanto énfasis en el perdón? Porque perdonar es reconocer nuestra propia condición espiritual. Perdonar es reconocer que nosotros también somos capaces de pecar. Perdonar es reconocer nuestra común insuficiencia delante del Dios supremo; es reconocer la distancia astronómica entre nuestra deuda para con Dios y la deuda de nuestro prójimo para con nosotros. Perdonar y pedir perdón es reconocer la realidad del pecado en nuestras vidas. Y es, a la vez y paradójicamente, la única manera de sustraernos del dominio del pecado. Creer que no pecamos y no estar dispuestos a perdonar el pecado de nuestro prójimo es, paradójicamente, sucumbir bajo la tiranía del pecado. ¿No es ése precisamente el misterio que encierran los siguientes versículos de la Primera Epístola de Juan?:

Este es el mensaje que hemos oído de él, y os anunciamos: Dios es luz, y no hay ningunas tinieblas en él. Si decimos que tenemos comunión con él, y andamos en tinieblas, mentimos, y no practicamos la verdad; pero si andamos en luz, tenemos comunión unos con otros, y la sangre de Jesucristo su Hijo nos limpia de todo pecado. Si decimos que no tenemos pecado, nos engañamos a nosotros mismos, y la verdad no está en nosotros. Si confesamos nuestros pecados, él es fiel y justo para perdonar nuestros pecados, y limpiarnos de toda maldad (I Juan 1: 5-9).[4]

Parece extraño lo que nos dice este pasaje: que para permanecer fuera del dominio del pecado tenemos que confesar nuestros pecados, y, por el reverso, que no hay peor pecado que la fantasía de nuestra inocencia. Pero perdonar y aceptar el perdón es, en efecto, la única manera de colocarnos adecuadamente frente al misterio insondable del amor de Dios.

Sé que no es fácil comprender lo que digo, hermanas y hermanos, porque no es fácil comprender las paradojas a las que nos conduce el misterio. Y nosotros no tenemos paciencia con el misterio. Al igual que Pedro, preferiríamos respuestas fáciles y claras. Pero es tan importante que aprendamos a posicionarnos delante del misterio porque me temo que esa sea la única esperanza de mantener a raya nuestras inclinaciones fariseicas.

Yo no suelo tener experiencias sobrenaturales o místicas. Al contrario de algunos hermanos y hermanas que parecerían tener una línea directa con el cielo, mi relación con Dios está quizás demasiado mediada por la razón. Pero dos veces he sentido en lo más profundo de mi ser una voz que me interpelaba y que no parecía ser la voz de mi conciencia. Debo confesar que tengo una conciencia muy activa; los freudianos dirían que lo que tengo es un superego hipertrofiado, y quizás tendrían razón. La cosa es que conozco muy bien la voz de mi conciencia sentenciosa, entremetida y sermonera.

---

[4] Creo que ésta es la verdad que encierran ciertas palabras enigmáticas del místico católico, Thomas Merton, cuando afirma: «Las más grandes tiranías están… basadas en el postulado de que nunca debe haber pecado…» (Citado en Patricia Raybon, *My First White Friend* [New York: Viking, 1996], 143).

Pero andaba un día en mi auto y tuve que detenerme frente a un semáforo. Sobre la acera, tendido encima de unos cartones, había un deambulante. Cuando me fijé, pude darme cuenta de que aquel hombre se estaba masturbando, no en un acto de exhibicionismo, sino como enajenado, como haciendo el amor con un ser invisible que también reposara sobre los cartones. Mi primera reacción fue de repugnancia y de juicio. Pero entonces sentí la voz que me decía, con toda claridad: «Ése podrías ser tú».

Y, en efecto, ése podría haber sido yo. Porque, contrario a lo que querríamos pensar, hermanas y hermanos, no hay pecado alguno ni degeneración alguna de la cual no seamos, en el fondo, capaces. Y el hecho de que yo no sea aquel hombre nada tiene que ver con mi supuesta superioridad ontológica, sino que tiene todo que ver con la misericordia de Dios.

La segunda vez, andaba yo también en mi auto. (Ya van a comprender, como bien podría atestiguar mi esposa, por qué nunca veo los hoyos en las carreteras). Andaba consumido por el sentido de culpa. Meditaba en todos los problemas del mundo y en todo lo que yo no hacía por contribuir a resolver esos problemas. Me sentía agobiado por mis privilegios de clase social, a la vez que no sentía la capacidad de abandonarlos. De repente, una vez más, sentí una voz que me decía: «Descansa en mí»; una voz compasiva y tierna que me decía: «Descansa en mí».

Hoy cobro conciencia, por primera vez, de la complementariedad de mis dos momentos místicos: «Ése podrías ser tú» y «Descansa en mí». Y corresponden estos dos momentos a dos errores espirituales harto comunes en los seres humanos: el error de creer que no necesitamos el perdón y el error de creernos imperdonables.[5] ¿Pero no es ése precisamente el contenido de la buena nueva de nuestra salvación en Cristo Jesús: que nuestra

---

[5] Debo esta intuición a la escritora Madeleine L'Engle: "…it takes a certain amount of living to strike out the strange balance between the two errors either of regarding ourselves as unforgivable or as not needing forgiveness." *A Circle of Quiet* (New York: Harper Collins, 1972), 233.

naturaleza pecaminosa encuentra su redención en nuestro descanso en la obra de Jesús?

Pero no quiero confundirles. No quiero crear equívocos sobre el perdón y, mucho menos, sobre el contenido de nuestra salvación. Perdonar no es sinónimo de tolerar. Perdonar no significa que sancionemos o validemos el pecado. Perdonar no es entrar en tregua con el mal. Perdonar es reconocer que sólo Dios tiene la capacidad de ser luz sin sombras, mientras que nosotros sólo podemos acceder a la luz, no por nuestros méritos, sino por los méritos de Jesucristo. Cuando perdonamos, reconocemos que nosotros también somos capaces del mal, y nos abrimos a la gracia salvífica de Dios.

Pero hablemos en concreto. Una mujer víctima de violencia doméstica, por ejemplo, no está llamada a tolerar ni a validar la violencia que se comete contra ella. Tampoco está llamada a permanecer al alcance de su victimario. Para esa mujer, perdonar probablemente signifique separarse tanto del rencor que podría carcomerle el corazón como de su esposo. Si su esposo se arrepintiese y le pidiese perdón, dicha mujer estaría llamada, en cuanto cristiana, a hacer el difícil esfuerzo de perdonar, pero no necesariamente a volver a una relación que pudiese ser peligrosa para ella. Porque perdonar no es ser masoquista. Perdonar no significa trivializar el mal.

Consideremos el caso de Vieques. Perdonar no significa que nos resignemos al mal que la Marina ha hecho y se propone seguir haciendo contra nuestra Isla Nena. Perdonar no significa que trivialicemos el daño ambiental ni los estragos a la salud del pueblo viequense. Perdonar significa negarse a demonizar a los oficiales de la Marina y al Presidente de los Estados Unidos; hacer el esfuerzo de ponerse en su lugar y de comprender sus puntos de vista. Perdonar significa reconocer que, en su lugar, quizás nosotros seríamos capaces de cometer los mismos errores, los mismos pecados. Perdonar significa asumir la única actitud espiritual auténtica.

Cuando demonizamos al otro, por el contrario, cuando lo interpretamos como un monstruo, lo que hacemos es presumir de una falsa superioridad. Y esa presunción de inocencia es peligrosa.

Hace algunos años se produjo un controvertible documental sobre Hitler, en el cual sólo aparecían escenas de la vida diaria del dictador nazi: Hitler hablando con un grupo de niños; Hitler acariciando a uno de sus perros; Hitler disfrutando de la compañía de sus amigos. Muchos reprochaban que no hubiese en el documental escenas que mostrasen la perversidad del autor del holocausto judío. Otros, sin embargo, se daban cuenta del propósito certero del realizador de aquel documental: mostrarnos a Hitler como uno de nosotros para que no pudiésemos reducirlo demasiado fácilmente a la conveniente categoría de un monstruo.

Quizás, en definitiva, perdonar signifique dejar el juicio en manos de Dios. Porque el misterio del perdón tiene mucho más que ver con la naturaleza de Dios que con la nuestra.

Viene a mi auxilio una cita extraordinaria que encontré en un libro de mi hija. Dice William Langland, escritor del siglo quince, que «ante la misericordia de Dios, toda la perversidad del mundo de la cual el hombre es capaz... no es sino un carbón encendido que cae en medio del mar».

Sigue siendo malévola toda esa perversidad del mundo; sigue siendo terrible. Pero no sobrevive al contacto con la misericordia de Dios. Entonces, el perdón, en cuanto misterio espiritual, no es una coartada para seguir haciendo el mal. Por el contrario, el perdón, en todas sus trayectorias (el perdón que concedo a los demás, el perdón que imploro de ellos, el perdón que Dios nos obsequia, el perdón que suplicamos de Dios), es el gesto eficaz que nos restaura y que nos capacita para vivir la vida espiritual con toda su necesaria y tenaz resistencia a las fuerzas del mal.

¿Cómo comprender este misterio? ¿Cómo comprender que la perversidad de un Hitler o un Stalin puedan concebirse como un carbón encendido que cae en medio del mar?

Dicen los astrónomos que hay en el universo ciertas estructuras de una densidad tan inimaginable que ni siquiera dejan escapar la luz. Se les llama hoyos negros, y, por definición, no se les puede ver. Sólo se pueden percibir por medio de la curva que traza la luz al ser atrapada por esos colosos de las tinieblas.

Se me antoja pensar que en nuestro universo moral hay también hoyos negros: estructuras de una maldad tan intensa que nuestra imaginación no concibe ninguna posible redención. ¿Cómo concebir que haya algo o alguien capaz de rescatarnos de esos colosos de la aniquilación moral? ¿Cómo concebir que haya algo o alguien capaz de sustraer a nuestra juventud del hoyo negro de las drogas? ¿Cómo concebir que haya algo o alguien capaz de salvarnos del hoyo negro de un capitalismo sin límites ni controles? ¿Cómo concebir que haya algo o alguien, en nuestro universo moral, capaz de liberarnos del hoyo negro de nuestro narcisismo en todas sus expresiones: el afán de lucro; las manifestaciones perversas de nuestra sexualidad, como la pedofilia y la violación; el afán de poder que puede conducirnos a la crueldad, a la tortura, al terrorismo, a la devastación ambiental?

Lo que nos dicen, entonces, las palabras de William Langland, es que, ante la luz del amor y la misericordia de Dios, estos hoyos negros morales, a pesar de su malévola densidad, se desvanecen como se extingue un carbón encendido que cae en medio del mar.

Pero ahora vemos oscuramente, como por espejo, y no tenemos la capacidad de mirar de frente esa luz, como de mil astros, que hace posible nuestra vida espiritual. Ahora tenemos que vivir en el misterio, en la paradoja, en la fe. Ahora sólo podemos reconocernos como reos indultados y dejar el juicio en manos del Juez Supremo. Ahora sólo podemos levantarnos, cada vez que caemos, y volver una vez más los ojos, deslumbrados, hacia el sol del amor sin límites de Dios.

Un sacerdote belga se encontraba en los Estados Unidos colaborando en una parroquia del estado de Michigan. Al comenzar los ritos penitenciales de la misa, una mañana, contó la experiencia que tuvo en una ocasión en que se encontraba de visita en Vietnam. Un hombre impedido se le acercó y le dijo: "Te perdono". "¿Por qué?", respondió el sacerdote intrigado. El hombre relató que, durante la guerra, cuando regresó herido a su hogar, se encontró con su esposa sentada en el piso de la casa en ruinas, con uno de sus hijos en la falda. La mujer explicó que su hija menor había muerto durante el bombardeo. "Pensé que usted es americano", añadió el vietnamita, "así que quise decirle que lo perdono". "No soy americano", respondió el sacerdote, "¿pero cómo puede usted perdonar a alguien que le ha hecho tanto daño?" "Porque soy cristiano", respondió el hombre.

Al terminar la misa, un hombre y su esposa se acercaron al sacerdote. "Soy uno de los pilotos que bombardeó a Hanoi", le dijo el hombre. "No sabe lo maravilloso que ha sido recibir ese mensaje de perdón".[6]

Así obra el amor incomprensible de Dios en su afán incesante de reconciliación.

Para Félix Castrodad

---

[6] Esta anécdota del padre Ben Van Der aparece en el número de enero de 2000 de la revista *Maryknoll*, 29.

Comentario sobre el sermón "El misterio del perdón y la reconciliación"

Método homilético

Podemos clasificar este excelente sermón sobre el misterio del perdón como uno mayormente expositivo, ya que el grueso del mismo está dedicado a exponer el mensaje de la Parábola del siervo que no quiso perdonar (Mt. 18:21-35). Sin embargo, debemos reconocer el carácter híbrido de este sermón. Por un lado, podríamos clasificarlo como temático, ya que dedica varios párrafos a explorar el tema del perdón. Por otro lado, el extenso uso de la narración en la discusión de la parábola podría tentarnos a clasificarlo como narrativo.

El sermón comienza con una proposición sorpresiva que capta la atención del oyente. El resto de la introducción presenta el tema del perdón, mientras anuncia la complejidad del tema. El cuerpo del sermón está dividido en tres secciones o "puntos". La primera sección nos llama a considerar la importancia del perdón y la reconciliación, usando pasajes bíblicos tales como Mateo 5:23-24 y 6:5-15. La segunda explora la parábola. La tercera sección reflexiona sobre el tema del perdón, usando una hilera de ilustraciones para comunicar su mensaje.

Crítica bíblica y teológica

Como ya indicamos, este sermón cita varios textos bíblicos sobre el tema del perdón. Sin embargo, el que se estudia a profundidad es Mateo 18:21-35. Este largo pasaje de los Evangelios comienza con una pregunta del Apóstol Pedro. La pregunta da pie a la parábola. En este sentido, podemos decir que el diálogo entre Jesús y Pedro (vv. 21-22) sirve de marco a la parábola (vv. 23-35). Un texto nos ayuda a interpretar el otro.

El estudio del texto que sirve de base al sermón está bien logrado. El predicador logra arrojar luz sobre el texto y ofrecer un comentario detallado del mismo. Lo mejor es que logra estos objetivos usando un lenguaje relativamente sencillo y fácil de entender. Uno de los aspectos destacados de este sermón es la manera como juega con la frase "sacar y llevar cuentas", mientras "saca y lleva cuentas" para explicar diversos aspectos del texto. El sermón también incluye varias declaraciones teológicas sobre el tema del perdón. Las mismas se expresan por medio de paradojas, como "para permanecer fuera del dominio del pecado tenemos que confesar nuestros pecados."

Aspectos pastorales

En este sermón encontramos por lo menos dos temas que Sandín había tratado en los primeros sermones de su libro. El primero es la crítica a lo que llama el "fariseísmo" interesado en "sacar y llevar cuentas" sobre los méritos del creyente. El predicador recalca cuán ridículo es llevar cuentas de las faltas y las virtudes humanas. En las primeras partes del sermón, afirma que la salvación no se alcanza por méritos humanos, sino por la misericordia divina. En las partes finales, usa la cita que sirve de epígrafe al sermón para afirmar que la misericordia divina es inmensamente mayor a la maldad humana. Esto es buena noticia, buena nueva: "evangelio". El segundo tema recurrente es la importancia de la humildad. Sandín continúa llamándonos a vivir con un profundo sentido de humildad. Humildad porque somos meros pecadores en proceso de ser perdonados. Humildad porque la salvación es un regalo divino motivado por el testarudo amor de Dios hacia la humanidad pecadora. Con toda seguridad, estos temas recurrentes son puntos centrales del pensamiento teológico del predicador.

Espiritualidad y fe

En el pensamiento de Sandín, el tema de la humildad está íntimamente ligado al tema de la espiritualidad. En este esquema, ser una persona "espiritual" significa tener una profunda conciencia de pecado. Sandín muestra esto con claridad cuando afirma: "Perdonar es reconocer nuestra propia condición espiritual. Perdonar es reconocer que nosotros también somos capaces de pecar." (Sandín ilustra este punto refiriéndose a sí mismo, en forma jocosa, como una persona con "superego hipertrofiado" y una "conciencia sermonera" que le recuerda tanto su maldad como la inmerecida misericordia de Dios.)

Un buen ejemplo de esta "paradoja espiritual" es la manera como Sandín juega con el personaje del Apóstol Pedro. Dado que él se llama "Pedro", Sandín presenta al Apóstol como su "tocayo", su "espejo", su alter ego. El resultado es que los dos "Pedros" se amalgaman en uno, haciendo difícil cualquier distinción. De este modo, cuando Sandín narra la historia, se nos hace difícil saber a cual "Pedro" se refiere. No sabemos si Jesús está dándole una lección espiritual al "Pedro" de ayer o al "Pedro de hoy". Este juego de palabras recalca la dualidad del ser humano.

Preguntas para la reflexión

• Este es un modelo "híbrido" de sermón, donde Sandín combina técnicas expositivas, temáticas y narrativas. Lea una vez más el sermón y trate de identificar las secciones donde usa cada una de estas técnicas.

• La paráfrasis de Mateo 5:23-25 y la cita de Mateo 6:5-15 nos recuerdan la importancia que dan los evangelios a la reconciliación. Sin embargo, la tradición protestante no le da tanta importancia a la pública confesión de pecados ni a la reconciliación de personas enemistadas. ¿Qué pasos debe tomar la iglesia para subsanar este error?

• El comentario sobre Mateo 18:21-35 recalca lo inmenso de la deuda del siervo que no quiso perdonar. La deuda era mayor que el presupuesto anual de la mayor parte de los países del mundo antiguo. ¿Por qué hace Jesús uso de la exageración o hipérbole en esta parábola? ¿Qué deseaba enseñarnos?

• Leamos una vez más las "paradojas sobre el perdón" que presenta Sandín. Discutamos y comentemos el significado teológico de las mismas.

De buenos samaritanos
y cintas blancas
Lucas 10: 25-37

> ¿Por qué tenemos tanto miedo de ser humanos que dependemos, en
> vez, del legalismo, el moralismo, el dogmatismo? Jesús vino a nosotros
> como un ser verdaderamente humano, para enseñarnos a ser
> humanos, y tuvimos tanto miedo de esa humanidad que la
> crucificamos, creyendo que podríamos matarla.
> *Madeleine L'Engle*[1]

A veces leemos los evangelios como si se hubiesen escrito en
español para el puertorriqueño de hoy, y no hacemos el esfuerzo
de ponernos en el lugar de los oyentes o lectores originales. Pero,
el mundo de los judíos del primer siglo no era precisamente el
mundo en el que vivimos los puertorriqueños a fines del siglo XX.

Por ejemplo, la palabra *fariseo* tiene para nosotros resonancias
muy diferentes de las que tenía su equivalente arameo para quienes
escuchaban a Jesús. A nosotros nos parece evidente que el fariseo
no fuese más que un hipócrita empeñado en tomarle el pelo a
Jesús con el fin de desacreditarlo. Pero, para los oyentes del Maestro, la palabra *fariseo* no evocaba imágenes perversas, sino que
refería a uno de dos partidos del judaísmo—curiosamente, el más
estimado por el pueblo—que tenían interpretaciones discordantes
sobre la manera en que se debía vivir la experiencia religiosa.[2]

---

[1] Madeleine L'Engle, *Sold into Egypt: Joseph's Journey into Human Being*
(Wheaton, Il.: Harold Shaw Publishers, 1989), 20.

[2] "Los **fariseos** eran el partido del pueblo, que no gozaba de las ventajas
materiales acarreadas por el régimen romano... Los **saduceos**, por su parte, eran
el partido de la aristocracia, cuyos intereses le llevaban a colaborar con el

Entonces, las palabras severas de Jesús contra los fariseos, lejos de parecer irrefutables, resultaban escandalosas para los judíos de aquellos tiempos.

Ante la distancia, tanto temporal como cultural, que nos separa de los interlocutores contemporáneos de Jesús y los evangelistas, es necesario que hagamos un esfuerzo por devolver a las palabras del evangelio aunque sea una fracción de su fuerza original. Quizás sentiríamos parcialmente ese impacto si oyésemos a un predicador itinerante gritarnos: "Mas, ¡ay de vosotros, **evangélicos**, que diezmáis de todo lo que recibís, y pasáis por alto la justicia y el amor de Dios!" (cf. Lucas 11: 42). De momento, las palabras tan familiares de Jesús se nos volverían duras e incómodas; porque, de repente, nos sentiríamos personalmente interpelados. Ya no se trataría de un juicio contra otros, al cual podemos asentir cómodamente, sino de un juicio que nos obligaría a mirarnos a nosotros mismos, con toda la incomodidad inherente a la mirada introspectiva.

Quizás se pregunten, hermanas y hermanos, de dónde me viene el empeño de hacer énfasis en la severidad de las palabras de Jesús. ¿Por qué no podrá este señor, inquirirán algunos, contentarse con recordarnos que *estamos en victoria*? ¿Por qué no podrá circunscribirse a la buena nueva de nuestra salvación en Cristo Jesús, en vez de dedicarse al oficio de aguafiestas?

¡Si supieran cuánto me gustaría unirme, sin más ni más, a la caravana de la victoria! Pero es que no logro librarme de la sospecha de que ese triunfalismo fácil sólo es posible mediante el olvido de la historia misma del cristianismo. Porque, durante siglos, ser cristiano significaba, claro está, una sublime victoria, pero una victoria que desembocaba con demasiada frecuencia en el martirio. Todavía hoy, para muchos, ser cristiano es una victoria

---

régimen . . . . La razón por la que Jesús les critica [a los fariseos] no es porque hayan sido malos judíos, sino que en su afán de cumplir la Ley al pie de la letra se olvidaban a veces de los seres humanos para quienes la Ley fue dada". Justo L. González, *La era de los mártires*, Tomo 1 de *Y hasta lo último de la tierra: una historia ilustrada del cristianismo* (Miami: Editorial Caribe, 1982), 30.

que se paga muy cara y que nada tiene que ver con esa herejía de bonanza y prosperidad que proclaman algunos. Entraña serios peligros, además, ese triunfalismo amnésico que olvida los excesos que hemos cometido los cristianos, a lo largo de los siglos, cuando nos hemos dejado llevar demasiado entusiastamente por la embriaguez de nuestra supuesta superioridad. Indudablemente, hay un mensaje de gracia y de salvación en el evangelio, pero es un mensaje que sólo podemos recibir con oídos alertas y ojos bien abiertos, no un mensaje barbitúrico que nos invita al olvido.

Pero, no es sólo la historia del cristianismo la que me impide unirme demasiado pronto a la fiesta de la victoria. Sucede que las palabras mismas del evangelio me lo prohíben. Para darme cuenta de esa prohibición, sin embargo, tengo que hacer el esfuerzo de ponerme en el lugar de aquellos que escuchaban a Jesús.

La parábola del buen samaritano es uno de esos pasajes que, con el paso de los siglos, hemos ido recubriendo como de capas de polvo que terminan por ocultar su fuerza original. Así, hemos llegado a comprender que esta parábola es una simple invitación a las obras de caridad. Con el fin de intentar devolverle a la parábola por lo menos una parte de lo que debe de haber sido su provocadora dureza, permítanme que les proponga dos paráfrasis contemporáneas de la misma.

Primera versión

Un suboficial de la Marina de los Estados Unidos iba por el camino que conduce de Isabel Segunda al Campamento García, cuando unos bandidos lo emboscaron, lo bajaron de su jeep, lo asaltaron y lo golpearon, dejándolo medio muerto. Por casualidad, pasaba por aquel lugar un miembro de la uniformada; pero al verlo, dio un rodeo y siguió de largo. También pasó por allí el vicealcalde, y cuando lo vio, dio un rodeo y pasó de largo. Pero un pescador, que iba por el mismo camino, al verlo, sintió compasión. Se acercó a él, le lavó las heridas con agua y se las vendó con un trapo limpio. Luego, lo cargó en sus brazos hasta su propio hogar, y lo cuidó. Al día siguiente, cuando salía a pescar, le dijo a su esposa: Cuida a este hombre; y no te fijes en lo que puedas gastar.

Segunda versión

Un pescador viequense iba por el camino de Isabel Segunda a la Esperanza, y unos bandidos lo asaltaron y le quitaron hasta la ropa; lo golpearon y se fueron dejándolo medio muerto. Por casualidad, un pastor evangélico pasaba por el mismo lugar, camino del culto; pero al verlo, dio un rodeo y siguió de largo. También uno de los miembros de la Asociación de Pescadores de Vieques llegó a aquel lugar, y cuando lo vio, dio un rodeo y pasó de largo. Pero un teniente de la Marina, que iba por el mismo camino, al verlo, sintió compasión. Se acercó a él, le lavó las heridas con agua y se las vendó con algunas tiras de tela. Luego lo subió a su propio jeep, lo llevó al parador más cercano, y lo cuidó. Al día siguiente al partir, el teniente sacó cien dólares, se los dio al gerente del hotel y le dijo: Cuide a este hombre; y si gasta algo más, yo se lo pagaré cuando regrese.[3]

Es importante notar que el impacto de la parábola depende de quien escucha. En el primer caso, un interlocutor que simpatice con la presencia de la Marina en la isla municipio de Vieques esperaría que cualquiera le brinde auxilio al militar herido menos precisamente un pescador. Se sentiría incómodo con el relato

---

[3] El lector puertorriqueño no tendrá dificultad alguna en comprender estas versiones contemporáneas de la parábola del buen samaritano. A los lectores de otras tierras, sin embargo, quizás les haga falta alguna explicación. La isla municipio de Vieques forma parte del archipiélago de Puerto Rico. Desde hace cerca de sesenta años, la Marina de los Estados Unidos ha ocupado dos terceras partes de la isla, utilizando buena parte de estos terrenos para ejercicios bélicos con municiones vivas. En 1999, un piloto de la Marina erró su blanco y, en consecuencia, mató a David Sanes Rodríguez, un guarda civil empleado de la Marina. Este incidente provocó una reacción generalizada de repudio a la presencia de la Marina en Vieques, repudio basado no sólo en la trágica muerte de Sanes, sino en el cúmulo de consecuencias negativas que han tenido estas prácticas: severos daños ambientales, alta incidencia de cáncer en la población, serias limitaciones al desarrollo económico de la isla, tanto en términos del turismo como de la industria pesquera, entre otras.

porque éste atenta contra su ideología, contra su manera de entender la realidad. No se supone que sea un pescador quien ayude al militar; de la misma manera que no se supone que un miembro de la policía y el vicealcalde pasen de largo e ignoren la necesidad del suboficial herido.

En el segundo caso, quienes han estado luchando contra la presencia de la Marina en Vieques se sorprenderían y se sentirían perturbados por este relato, ya que convierte al adversario en héroe. Les resultaría quizás ofensivo que se insinúe que un pastor y un compañero pescador sean indiferentes a la necesidad del hombre lesionado. Pero, la idea de que sea un teniente de la Marina quien se solidarice con el pescador herido les parecería aún más injuriosa, porque violentaría su comprensión del mundo, es decir, su ideología.

Parecida a las anteriores debe de haber sido, pues, la reacción de los interlocutores de Jesús. Porque, para un judío, la idea de que fuese un samaritano quien respondiese a la necesidad de auxilio de otro judío era profundamente insultante. Para los judíos de aquella época, un samaritano era poco más que un pagano. A pesar de que los samaritanos, también, adoraban a Yahvé, los judíos los despreciaban, considerándolos ignorantes de la ley. En la parábola, sin embargo, es precisamente un samaritano, supuesto desconocedor de la ley, quien sirve de modelo.

Lo primero que tenemos que observar, entonces, en lo que se refiere a la parábola del buen samaritano, es que trastoca la expectación ideológica del oyente. Al narrar este relato, Jesús invita a su interlocutor a entrar en un territorio nuevo, un territorio en el cual nuestras expectativas no se cumplen y donde casi cualquier cosa puede suceder. De esta forma, el oyente se ve sacudido en la comodidad de su comprensión de las cosas. Con cierto grado de irritación, agudizará su oído y se pondrá en estado de alerta intelectual para ver a dónde quiere llevarlo este predicador itinerante llamado Jesús.

Esta primera lectura de la parábola ya nos ofrece una valiosa enseñanza: no podemos excluir a ningún ser humano, *a priori*, de la posibilidad de solidarizarse, sentir compasión, obedecer a los imperativos del amor. Ante el otro ser humano, independientemente del grupo étnico, social, cultural, religioso o ideológico al que pertenezca, tenemos que mantener una actitud de apertura respetuosa, porque cualquier ser humano, sin importar su procedencia, puede sorprendernos al comportarse como nuestro prójimo, al acudir a nuestro auxilio, al hacerse nuestra hermana o hermano. Cualquier ser humano, incluso uno que pertenezca al *grupo equivocado,* puede volverse cáliz de la gracia salvadora de Jesús.

Pero, demos marcha atrás para comprender mejor en qué contexto es que se narra la parábola del buen samaritano. Lo primero que debemos observar es que quien se acerca a Jesús para interrogarlo es un conocedor de la ley y que, según el texto bíblico, aborda al Maestro con el fin de probarle (Lucas 10: 25). No se trata, pues, de una pregunta de buena fe, fruto de una genuina curiosidad espiritual. Por el contrario, la pregunta del intérprete de la ley se tiende como una trampa, como una estratagema cuyo fin es desacreditar las enseñanzas de Jesús.

Ahora bien, la pregunta misma de aquel hombre es problemática: «¿haciendo qué cosa heredaré la vida eterna?». Es casi idéntica esta pregunta a la del joven rico, sobre la cual hemos reflexionado en otra de las homilías de este libro[4]: una interrogante que reduce la relación con Dios a una transacción, a un toma y daca religioso. Al igual que en el caso del joven rico, Jesús le devuelve la pregunta al intérprete de la ley: «¿Qué está escrito en la ley?», le pregunta (10: 26). «Tú eres intérprete de la ley»; parece decirle Jesús, «seguramente conoces la respuesta». Y, así es, el hombre la conoce, pues responde con absoluta precisión: «Amarás al Señor tu Dios con todo tu corazón, y con toda tu alma, y con todas tus fuerzas, y con toda tu mente; y a tu prójimo como a ti

---

[4] *"¿Qué somos para que tengas de nosotros memoria?",* 30-38.

mismo» (10: 27). Es correcta la réplica, porque un amor como ése jamás podría reducirse a una simple transacción.

Entonces, parecería quedar resuelto el asunto. Pero, el hombre, «queriendo justificarse a sí mismo, dijo a Jesús: ¿Y quién es mi prójimo?» (10: 29). Es con el fin de impugnar esta última pregunta que el Maestro narra su parábola. Es decir, la parábola no procura responder a la pregunta inicial del intérprete de la ley; no intenta decirnos que para tener la vida eterna es necesario que hagamos esto o aquello. Si esa fuera la intención de la parábola, Jesús habría caído en la trampa, al reducir la relación con lo eterno precisamente a una fórmula o una transacción. No, la parábola se refiere a la pregunta ¿quién es mi prójimo?. En este sentido, constituye un comentario a la segunda parte del gran mandamiento que el intérprete de la ley acababa de citar: «[amarás] a tu prójimo como a ti mismo» (10: 27b).

Pero, esta segunda pregunta—¿quién es mi prójimo?—es tan desacertada como la primera, porque participa del mismo deseo religioso: el deseo de definiciones o precisiones que reduzcan la relación espiritual con la trascendencia a una especie de algoritmo. Es una versión religiosa de los *three easy steps*, del afán que tenemos los seres humanos de reducir todos los enigmas y todas las dificultades de la vida a fórmulas sencillas. Es una expresión de nuestra impaciencia con el misterio y con los silencios elocuentes de Dios.

«Hágame el favor de decirme quién es mi prójimo para entonces amarlo y ganarme así la vida eterna» parece ser, entonces, la petición que encierra la pregunta de aquel hombre; «por favor, detálleme con toda precisión los tres pasos que conducen a la salvación». ¿Y quién de nosotros no ha querido que le revelen esos pasos sencillos, que le digan exactamente lo que tiene que hacer, a quién tiene que amar? Pero, Jesús sabe que lo que codician nuestros corazones harto humanos no es lo que necesitan nuestras almas sedientas de agua viva. En lugar de responder a la pregunta de aquel hombre, en vez de darle las señas precisas del prójimo que debía amar como a sí mismo, Jesús narra ese relato inesperado que es la parábola del buen samaritano.

Pero, las cosas están trastocadas en este cuento. Porque en el centro del relato no hay un hombre en busca de un prójimo para amarlo, sino un hombre que necesita urgentemente a un prójimo que lo ame. El punto focal del cuento es ese hombre herido, ese judío maltrecho en torno al cual se va hilvanando el relato, en la medida en que dos paisanos se alejan de su necesidad, mientras que un extranjero despreciado acude a su auxilio. No se trata, pues, de quién es nuestro prójimo, sino de quién necesita que nosotros nos constituyamos en su prójimo. Dicho sucintamente, no se trata de definir quién es nuestro prójimo, sino de actuar como prójimos.[5] Por eso es tan acertado el letrero que leí una vez en un hogar para mujeres maltratadas: «Ante el sufrimiento humano, no hay dogma». *Ante la epifanía del otro que sufre,*[6] para usar la expresión del filósofo argentino Enrique Dussel, no hay fórmulas legales ni conceptuales ni religiosas que reduzcan a tres pasos sencillos lo que ha de ser mi respuesta. *Porque esa epifanía del otro*, que el mismo Dussel define como el momento metafísico por excelencia,[7] no sólo nos pone de frente a otro ser humano, sino que nos coloca ante el misterio insondable de Dios mismo. Porque, en el fondo, el amor a Dios y el amor al prójimo—como no cesa de recordarnos la Escritura—no son dos momentos independientes, ni responden a dos mandamientos nítidamente separables, sino que son las dos caras de un mismo amor. El gran mandamiento no nos convoca a una transacción basada en dogmas ni en códigos morales o legales y motivada en última instancia por el amor propio, sino a una relación personal con la trascendencia, tanto la de Dios como la del otro ser humano. Pero, ¡cuán difícil se nos hace comprender esta sencilla verdad que sólo consta de un paso!: un solo paso para vivir la vida entera.

Al responder a la pregunta de este hombre por medio de su parábola, como hemos visto, Jesús violenta los entendidos del

---

[5] «One cannot define one's neighbor; one can only be a neighbor». Howard Marshall. *The Gospel of Luke: A Commentary on the Greek Text* (Exeter: Paternóster Press, 1978), 450.

[6] *Philosophy of Liberation* (Maryknoll, N.Y., Orbis, 1985), 58.

[7] Ibid, 48-49.

judaísmo, que excluía a los samaritanos del concepto de prójimo llegando incluso a prohibir que los judíos recibiesen obras de caridad de parte de los no judíos.[8] De esta forma, el Maestro ataja de inmediato el afán de definiciones de su interlocutor. "No sólo me rehúso a precisar el significado de *prójimo*", parece querer decir el Señor, "sino que impugnaré el concepto que ya tú manejas, el cual excluye al samaritano—y a muchos otros—de la definición". Si es que hemos de vivir a la altura de ese amor al que nos convida Jesús, no es posible que definamos de antemano quién es nuestro prójimo, como quería el intérprete de la ley. Porque esa definición convertiría al otro ser humano, a ese supuesto prójimo, en el mero objeto de nuestro afán de justificación. Ya no sería un sujeto que aparece frente a mí en toda su dignidad humana, sino un mero objeto cuya función sería ayudarme a consolidar mi auto imagen de hombre religioso.

Al terminar de narrar la parábola, Jesús le pregunta al intérprete de la ley cuál de los tres hombres—el sacerdote, el levita o el samaritano—había sido el prójimo del que cayó en manos de los ladrones (10: 36). La pregunta del Maestro, aunque superficialmente parecida a la pregunta inicial del intérprete de la ley, es radicalmente contraria. Porque la pregunta del intérprete está animada por el ansia religiosa de normas y definiciones, mientras que lo que anima la pregunta de Jesús es el espíritu mismo del evangelio: el reto de vivir una vida de receptividad y apertura espiritual. La pregunta del intérprete de la ley es expresión de su ensimismamiento, mientras que la pregunta de Jesús nos invita a salirnos de nosotros mismos para ponernos en el lugar del otro. Por eso es que la parábola del buen samaritano no tiene nada que ver, en fin de cuentas, con la comprensión tradicional de las obras de caridad.[9]

¿Qué diremos, en resumen, sobre el significado de esta indócil parábola que se resiste a las definiciones que tanto codiciamos?

---

[8] Cf. Howard Marshall, Op. cit., 450.

[9] Debo esta comprensión a Eduard Schweitzer, *The Good News According to Luke* (Atlanta, GA; John Knox, 1984), 187.

La respuesta me la ha regalado el Señor por medio de la lectura de *El Aposento Alto* correspondiente al día de hoy (3 de junio de 2000), día en que termino de escribir esta homilía. Permítanme compartirla con ustedes.

> *Alley, una niña de ocho años, participó en las Olimpiadas Especiales para niños con impedimentos. En cada uno de los primeros tres eventos, Alley llegó en último lugar, lo que le mereció tres cintas azules. No era llegar en último lugar lo que le molestaba, sino que todas las cintas fuesen del mismo color. En el último evento, Alley estaba otra vez en último lugar. De pronto, la niña que iba al frente miró hacia atrás, la esperó, la tomó de la mano, y terminaron la carrera juntas. Ambas recibieron cintas blancas.*[10]

Si pudiésemos comprender, de veras, lo que representan esas cintas blancas, habríamos captado finalmente el significado de la parábola del buen samaritano.

Para César Maurás

---

[10] Karen Irwin, "Toma mi mano," 40.

Comentario sobre el sermón
"De buenos samaritanos y cintas blancas"

Método homilético

Como la mayor parte de los sermones que componen esta colección, éste camina por el borde entre el modelo expositivo —mediante el cual se explora el mensaje de un pasaje bíblico— y el temático—donde se explora un aspecto de un tema teológico. En este caso el sermón explora el mensaje de la Parábola del "buen" samaritano (Lc. 10:25-37) y presenta interesantes perspectivas teológicas y pastorales sobre temas tales como la misericordia y la solidaridad.

La introducción del sermón trata de contextualizar el tema desde el mismísimo párrafo inicial. Aquí encontramos una interesante discusión sobre el significado de la palabra "fariseo" y sobre sus implicaciones para la iglesia evangélica contemporánea. El cuerpo del sermón sostiene el empuje contextualizador, ofreciendo dos paráfrasis de la parábola y analizando los obstáculos ideológicos que impiden amar al "otro". El cuerpo del sermón termina criticando una vez más la falsa piedad que se regodea en una ilusoria santificación mientras condena al resto de la humanidad. El sermón concluye con una ilustración que explica su título.

Crítica bíblica y teológica

Desarrollar sermones que presenten con fidelidad el mensaje de las parábolas de Jesús es sumamente difícil. Como bien muestra Sandín, el propósito de las parábolas de Jesús es presentar el mensaje del reino de forma chocante. El "escándalo" provocado por la parábola debía sacudir el mundo conceptual del oyente. Es decir, debía cuestionar las ideologías que sustentaban su interpretación de la realidad, invitándole a adoptar los valores del reino de Dios como norte y derrotero de su vida. El problema principal que encontramos hoy es nuestra familiaridad con las parábolas evangélicas. Las hemos oído tantas veces que ya no nos sorprenden. Se nos hace difícil entender dónde radica el "escándalo" de estas historias. Las mismas están tan domesticadas que ya no las encontramos chocantes. En este caso, Sandín hace todo lo posible por recuperar el carácter escandaloso y chocante del relato de Jesús. Su interpretación "ofende a todos por igual", tanto a personas liberales como conservadoras. Es precisamente esta "rehabilitación del escándalo" lo que le permite presentar la parábola de manera fresca y novedosa.

Aspectos pastorales

Este sermón resalta tres asuntos de gran importancia para el trabajo pastoral de la iglesia contemporánea. El primero es la contextualización. El mensaje evangélico necesita ser contextualizado, es decir, re-interpretado para cada cultura, para cada época, y para cada situación. Sandín ofrece en este sermón un buen ejemplo de cómo contextualizar el mensaje bíblico.

El segundo asunto es cómo lidiar con las divisiones que pueden provocar las controversias ideológicas. Sandín escribe y predica en un país altamente politizado, donde la discordia partidista es prácticamente el deporte nacional. En lugar de alejarse de la controversia, el predicador la enfrenta de manera directa, refiriéndose a la presencia de la marina de guerra estadounidense en una de las islas que componen el archipiélago de Puerto Rico. Sin faltar a la justicia, Sandín nos llama al amor mutuo.

Tercero, Sandín nos invita a ver a los demás como sujetos de su propia historia, no como "objetos" de la nuestra. No debemos ver a los demás como "cosas" que podemos "usar" para avanzar nuestras propias agendas.

Espiritualidad y fe

Este sermón presenta varios de los temas recurrentes de la teología y la espiritualidad de Sandín. El primero es la crítica al "fariseísmo", es decir, a esa mezcla de falsa piedad y sentido de superioridad que aqueja a la iglesia desde siempre. El segundo tema recurrente es el llamado a actuar con misericordia en todas nuestras relaciones. Este amor misericordioso hacia los demás nace de un corazón humilde que recuerda que la salvación es un gracioso regalo divino. Estos dos temas están ligados íntimamente.

Queremos resaltar, pues, los aspectos novedosos de este sermón. Por un lado, encontramos un claro llamado a la solidaridad. Decimos "claro", porque la solidaridad es un tema implícito que corre a través de todo este libro. Este sermón resalta la importancia de una práctica de solidaridad incluyente como una "valiosa enseñanza" de la parábola. Por otro lado, Sandín afirma que el centro del relato es la persona "que necesita urgentemente a un prójimo que lo ame". Es decir, afirma que la verdadera espiritualidad nos lleva a ver al "otro" como sujeto, no como un objeto de nuestra compasión.

Preguntas para la reflexión

• El diseño de este sermón combina dos técnicas: la expositiva y la temática. Lea el sermón una vez más y trate de identificar las secciones donde Sandín usa elementos expositivos, separándolas de aquellas donde usa técnicas temáticas. ¿Cree usted que esta combinación es efectiva? ¿Por qué?

• Sandín nos llama a reflexionar sobre el significado de la palabra "fariseo" en el Nuevo Testamento. Más aún, invita a la iglesia evangélica a re-leer las críticas de Jesús al fariseísmo como críticas a nuestra práctica religiosa contemporánea. Si tomamos en serio el consejo de Sandín, ¿qué cambios tendríamos que hacer en nuestra iglesia local?

• Sandín también critica la llamada "teología de la prosperidad" cuando opta por no "declararse en victoria", ni obviar las palabras duras de Jesús. No obstante, debemos reconocer que muchas de nuestras iglesias locales recalcan la importancia de la "super-fe", la victoria, y la prosperidad. ¿Cuál debe ser nuestra actitud ante este movimiento "teológico"?

Sólo una cosa es necesaria
Lucas 10: 38 – 42

...el cumplimiento de la ley es el amor.
Romanos 13: 10b

Uno de los aprendizajes más interesantes en la experiencia de estudios teológicos es descubrir que los evangelistas, esas personas a quienes la tradición ha otorgado los nombres de cuatro de los apóstoles: Mateo, Marcos, Lucas y Juan, no eran meros cronistas dedicados a documentar la biografía de Jesús. Por el contrario, los evangelios, lejos de ser crónicas históricas, son obras de *teología narrativa*, trabajos de reflexión teológica sobre Jesucristo escritos en forma de relato.

Si ustedes se parecen en algo al seminarista típico, habrán sentido una punzada de inquietud al leer el párrafo anterior. De alguna manera, la formación que hemos recibido, en estos tiempos en que la ciencia pasa por ser reina de la verdad, nos ha llevado a sospechar de la narrativa como encubridora de falsedades. Se piensa comúnmente que palabras tales como "cuento", "mito" o "relato" son sinónimos de "mentira". Oír decir, por tanto, que los evangelios son relatos, en vez de biografías positivas escritas según criterios historiográficos que sólo se desarrollaron en el siglo pasado, es como oír una herejía. Debo, pues, aclarar, más allá de toda sospecha, lo que quiero decir.

Si el valor de los evangelios fuese puramente biográfico, habría que preguntarse por qué tenemos cuatro evangelios en nuestras biblias en vez de uno solo. Cuando la Iglesia, hacia finales del siglo segundo, configuró lo que habría de conocerse como el canon del Nuevo Testamento, incluyó los tres evangelios sinópticos y el evangelio de Juan con plena conciencia de que se trataba de versiones distintas, aunque no necesariamente irreconciliables, de unos mismos hechos. Si el interés hubiese sido meramente biográfico, la Iglesia habría podido producir un evangelio compuesto.[1] Y ese evangelio habría mostrado un interés más equilibrado en la totalidad de la vida de Jesús. Nuestros evangelios, en cambio, muestran una palpable preferencia por la última semana de la vida de Jesús; de tal suerte que Marcos, por ejemplo, dedica más de una tercera parte de su contenido a los sucesos relacionados con la pasión. De la vida de Jesús entre aproximadamente los doce y los treinta años, los evangelios canónicos no nos dicen nada.

La iglesia del siglo segundo, libre aún del error del literalismo bíblico, comprendió muy bien que el interés y el valor de los evangelios no residían sólo en las *coincidencias*, sino particularmente en las *diferencias*. Porque son esas *diferencias* las que conforman el pensamiento teológico propio de cada evangelista. Y es esa reflexión teológica sobre el significado trascendental de la figura de Jesucristo—mucho más que el detalle biográfico—lo que les interesaba a los evangelistas.

Así pues, al tratar de vislumbrar lo que es el pensamiento teológico de cada evangelio, será esencial que nos fijemos en la forma en que el evangelista dispone de los materiales que maneja. La selección de dichos materiales y el orden en que se presentan serán de crucial importancia para captar el significado particular que cada evangelista asigna a la figura y a las enseñanzas de Jesús. Una lectura rápida de los evangelios de Juan y de Marcos, por ejemplo, será suficiente para comprender lo anterior: mientras el Jesús de Marcos muestra cierta reserva en cuanto a su identidad trascendental—lo que se conoce como el *secreto mesiánico* (ver Marcos 1: 44, 3: 12, 5:43, 7:36, etc.)—, en el evangelio de Juan,

---

[1] Como el que, de hecho, escribió Taciano y que sólo halló cierta acogida entre las iglesias de Siria. Cf. Justo L. González, *La era de los mártires*, Tomo 1 de *Y hasta lo último de la tierra: una historia ilustrada del cristianismo* (Miami: Editorial Caribe, 1982), 113

Jesús es presentado como el Verbo divino desde el primer versículo: "En el principio era el Verbo, y el Verbo era con Dios, y el Verbo era Dios".

El propósito de esta larga introducción ha sido sentar las bases para lo que deseo afirmar con respecto al pasaje de Lucas 10: 38-42: que ese brevísimo relato sobre la visita de Jesús a Marta y María sólo nos revelará su significado más profundo si lo abordamos desde la óptica del pensamiento teológico de Lucas. En otras palabras, si examinamos este pasaje sólo como anécdota biográfica, sin tomar en cuenta su ubicación dentro de este evangelio en particular, no lograremos entenderlo. Veamos.

En la homilía anterior, *De buenos samaritanos y cintas blancas*, interpretamos el pasaje de Lucas 10: 25-37. Vimos que Jesús narra la parábola del buen samaritano en respuesta a, y comentario de, la pregunta del intérprete de la ley, ¿quién es mi prójimo?. Y esta pregunta, a su vez, se desprende del gran mandamiento que el interlocutor de Jesús acababa de citar como la síntesis de la ley: «Amarás al Señor tu Dios con todo tu corazón, y con toda tu alma, y con todas tus fuerzas, y con toda tu mente; y a tu prójimo como a ti mismo» (10: 27).

Si la parábola del buen samaritano constituye, pues, una elucidación de la segunda parte del gran mandamiento—el amor al prójimo—, el pasaje de Marta y María, como procuraré demostrar, representa un comentario de la primera parte, aquélla que refiere al amor a Dios. Dicho de otra forma, la parábola del buen samaritano y la visita de Jesús a Marta y María, representan, dentro de la teología narrativa de Lucas, una unidad de reflexión profunda sobre lo que significa el gran mandamiento, tanto en su dimensión de amor al prójimo como en su dimensión de amor a Dios.[2]

---

[2] Cf. Howard Marshall, *The Gospel of Luke: A Commentary on the Greek Text* (Exeter: Paternoster Press, 1978), p.445. Conviene notar que Lucas, al comentar el gran mandamiento, invierte el orden del mismo: el comentario sobre el amor al prójimo antecede al comentario sobre el amor a Dios. Esto corresponde a una figura retórica conocida como «quiasmo», la cual es muy común en la literatura bíblica.

Cuando observamos cuidadosamente el comportamiento del texto en esta porción bíblica, la unidad temática de la misma se hace patente. Observemos que, en el versículo 10: 25, se inicia la conversación entre Jesús y el intérprete de la ley por medio de una pregunta: ¿haciendo **qué cosa** heredaré la vida eterna? La visita a Marta y María, por su parte, termina con las siguientes palabras de Jesús: "Marta, Marta, afanada y turbada estás con **muchas cosas**. Pero sólo **una cosa** es necesaria; y María ha escogido la buena parte, la cual no le será quitada" (10: 41-42).[3]

Las palabras de Jesús a Marta habrían podido ser la respuesta a la pregunta del intérprete de la ley, y, en efecto, lo son. Pero, aquel hombre, en su ceguera voluntaria y en su ansiosa búsqueda de recetas, no estaba en disposición de escuchar y habría sido capaz de reducir la profunda enseñanza de Jesús a una fórmula risible: sentarse en el piso + escuchar al Maestro = la vida eterna. Jesús le ofrece a Marta, su amiga, la respuesta directa que habría querido ofrecerle al intérprete de la ley: sólo una cosa es necesaria para heredar la vida eterna. ¿Pero cuál es esa cosa? ¿Cuál es esa única cosa que María ha sabido identificar y que Marta ha perdido de vista en su ansiedad por las muchas cosas?

Antes de tratar de responder a las preguntas anteriores, permítaseme una breve digresión. No podemos pasar por alto el hecho de que, a la hora de proponer modelos, Jesús escogiese figuras controvertibles dentro de su contexto religioso y cultural. Ya hemos visto, en el sermón sobre Lucas 10: 25-37, lo significativa que es la decisión del Señor de utilizar la figura de un samaritano en su parábola. Jesús, que no en vano conocemos también como el Maestro, no desaprovecha ninguna oportunidad pedagógica. Él sabe que las preguntas del intérprete de la ley carecen de sinceridad; por eso, en vez de responder directamente a su interrogatorio, narra un cuento que desafía la comodidad ideológica y religiosa de aquel hombre: porque ¿cuándo se había visto que un samaritano

---

[3] Fue el doctor Pablo A. Jiménez quien me hizo cobrar conciencia de la unidad temática entre estos pasajes del evangelio de Lucas.

desempeñara el papel de héroe o de modelo? Sólo mediante esta sacudida ideológica podía Jesús ser el maestro que necesitaba aquel hombre, independientemente de que éste supiera o no beneficiarse de la lección que le brindaba el Señor.

De igual manera, no es fortuito que sean mujeres las que reciben, directamente de labios de Jesús, la respuesta sin rodeos denegada al intérprete de la ley. Son varios los elementos inauditos en este breve pasaje del evangelio de Lucas. Por un lado, la idea de que una mujer soltera fungiese de anfitriona de hombres era insólita en tiempos de Jesús.[4] Por otro lado, ningún rabino reputado se habría colocado en la posición de compartir sus enseñanzas con una mujer.[5] En cambio, como bien han observado estudiosos del Nuevo Testamento, la posición que asume María, al sentarse a los pies de Jesús para escucharlo, es la posición propia del alumno.[6] Lejos de reducir la función de la mujer al ejercicio de las tareas domésticas que tanto inquietaban a Marta, el Señor valida la opción de María de comportarse como discípula, con esa connotación de tierna amistad que hay en la relación entre Jesús y sus discípulos. Así, este breve trozo bíblico no sólo nos habla del significado del gran mandamiento, sino que refuta, como de pasada, la posición de inferioridad que la religión y la cultura judías asignaban a la mujer. Es una lástima que la propia iglesia cristiana, todavía hoy, dos mil años después del elocuente testimonio de Jesús, a menudo pierda de vista el carácter liberador de la conducta del Maestro.

Pero volvamos a las preguntas decisivas que dejamos atrás: ¿Cuál es esa única cosa que María supo identificar y que Marta perdió de vista en su ansiedad por las muchas cosas? ¿Cómo es posible que ese simple gesto de María, de sentarse a los pies de Jesús, ilustre lo que debe significar amar a Dios?

---

[4] Cf. Eduard Schweitzer, *The Good News According to Luke* (Atlanta, GA: John Knox, 1984), 188.

[5] Ibid., 189.

[6] Marshal, Op. cit., 451.

He reflexionado mucho sobre estas preguntas. He seguido la pista que nos ofrece Lucas al yuxtaponer la parábola del buen samaritano al pasaje sobre la visita a las hermanas de Lázaro. He escudriñado estos pasajes cuidadosamente con el auxilio de eruditos comentarios y dentro del contexto de la predicación total de Jesús. Y no puedo concluir otra cosa, hermanos y hermanas, sino que lo único que hace falta, la sola cosa necesaria, lo único que Dios desea es que aceptemos su amistad.

De repente, como en un estallido de significado, este breve y sencillo pasaje nos ofrece su sentido profundo, y los destellos de esa explosión iluminan el misterio mismo de Jesús. ¡Ya comprendo! Ese es, al fin, el mensaje trascendental que se expresa en la encarnación y del cual no cesa de dar testimonio el evangelio: En Jesús, Dios confirma su deseo de acercársenos, de ser nuestro amigo, de establecer una relación personal con nosotros. El Creador de todo lo visible y lo invisible, el Ser Supremo del universo, se vuelve magnánimamente hacia nosotros y nos extiende su mano: «Quiero ser tu amigo. ¿Aceptas mi amistad?»

Dios desea establecer con nosotros una relación de intimidad como la que se expresa en la amistad entre Jesús y María. El evangelio no nos dice nada sobre el tenor de la conversación entre María y Jesús, porque la buena nueva no radica en el contenido de aquella conversación, sino en la conversación misma. Porque, en el fondo, lo único que Dios nos pide es que lo amemos como nuestro mejor amigo, que seamos capaces de sentarnos a sus pies a escuchar, a conversar. Por eso decía San Agustín: «Ama y haz lo que quieras». Porque si de veras supiésemos amar a Dios como nuestro mejor amigo, sobrarían todas las normas y todas las leyes, así como estaría de más cualquier ansioso deseo nuestro de reducir esa amistad a una fórmula o receta. Porque ahora, como dice el salmista a su Dios, «...tu ley está en medio de mi corazón» (Salmo 40: 8b).

Pero, ¡qué difícil se nos hace amar a Dios! Al igual que con nuestro prójimo, preferimos las recetas, los decálogos, los catecismos, las leyes. Preferimos que alguien nos diga precisamente lo que tenemos que hacer: cuántas veces asistir al culto, cuánto ofrendar, cómo vestirnos, cuándo ayunar, cómo orar, qué cantar. Así como el intérprete de la ley quería que le dijesen quién exactamente era su prójimo, nosotros queremos que nos definan, lo más exactamente posible, cuál ha de ser el alcance de nuestro amor a Dios.

Pero, ¿acaso es posible, hermanas y hermanos, precisar los límites de una verdadera amistad, de un verdadero amor? ¿Cómo nos sentiríamos si la persona que amamos, en vez de invitarnos a compartir el terreno riesgoso e impredecible de la intimidad, quisiese atenerse a un conjunto de reglas que rigiesen nuestra relación? Sin embargo, las más de las veces, en lugar de enlazarnos apasionadamente con Dios, preferimos hacer capitulaciones, optamos por la seguridad de un conjunto de normas que establezcan, con toda exactitud, los límites de nuestro amor. Por eso, en el fondo, la pregunta menos espiritual del mundo es la del intérprete de la ley, la del joven rico: la pregunta que busca reducir una relación de intimidad a un triste acuerdo o convenio.

Las leyes, los pactos, los convenios, como bien intuyó el apóstol Pablo, sólo tienen valor de nodriza durante nuestra infancia espiritual (Gálatas 3: 24). «Pero venida la fe», añade Pablo, «ya no estamos bajo ayo...» (3:25). Venida la fe en Jesucristo, accedemos a nuestra adultez espiritual, a un estado en el cual la fe es todo, porque ya no se distingue del amor, de la intimidad; porque, por medio de la fe, nuestra alianza con Dios se transforma en nupcias, cuyo sello llevamos inscrito en el corazón (Jeremías 31: 33).

Porque el reino de los cielos es como un rey enamorado que envía tiernas misivas a su amada. «Te amo», dicen sus cartas en todas las lenguas del mundo, pero la princesa responde: «¿De cuánto ha de ser mi dote?». «Te amo y sólo quiero que me ames», vuelve a escribir el rey, comisionando sagaces mensajeros que lleven sus cartas a destino. Pero, la princesa no es capaz de creer que aquel rey pudiese amarla. Solicita, pues, los buenos oficios de eruditos traductores que se afanen en descubrir el verdadero significado del enigma.

El primer traductor, experto en lenguas muertas, propone la siguiente solución. «Mande a construir un grandioso palacio, digno del mayor de los soberanos, y decórelo con maderas y piedras preciosas. Así, el rey comprenderá que usted, alteza, es digna de su amor». Pero, construido el palacio y avisado el rey, la princesa sólo recibió una breve nota que le trajeron los mensajeros del rey: «Te amo», decía.

Incapaz de penetrar el significado de aquella críptica misiva, la princesa llamó al segundo traductor. Éste, conocedor de todas las lenguas vivas, estudió las cartas del rey haciendo uso de los recursos de la retórica y de las artes literarias. Aconsejó a la princesa que comisionara al mejor pintor de la provincia para que hiciese su retrato, y al mejor escritor para que escribiese su semblanza. «Envíe el retrato y la semblanza al rey, alteza, para que comprenda que su belleza y su virtud la hacen digna de ser amada». Así se hizo. Y esta vez, el rey envió a su propio hijo, para que depositara su respuesta en manos de la princesa. «Te amo», decía, en todos los estilos y géneros posibles, la carta entregada por el hijo del rey.

Los consejeros de la princesa se dividieron. Unos proponían que la infanta correspondiese a la magnanimidad del rey por medio de una dote inaudita que lograse comunicar su dignidad aristocrática, una fortuna que la distinguiese de todas las demás doncellas del reino. Otros, conmovidos al fin por las palabras y gestos del hijo del rey, opinaron: «Consienta, princesa, en ser amada y en amar; regocíjese, alégrese, cante y baile de gozo, porque el rey se ha fijado en usted y ha querido amarla sin reservas ni condiciones. Sólo una cosa es necesaria: que lo ame.

¿Qué habrá respondido la princesa?

Para "el primo", Guillermo Ramírez Muñoz

Comentarios sobre el sermón
"Sólo una cosa es necesaria"

Método homilético

En términos metodológicos, este sermón es similar a los demás mensajes expositivos que Sandín nos ofrece en esta colección. El autor combina el estudio del texto con perspectivas sobre puntos doctrinales y con ilustraciones por medio de las cuales demuestra su habilidad narrativa.

En este caso, Sandín comienza con una larga introducción en la cual nos lleva a considerar algunos aspectos de la interpretación de textos bíblicos de corte narrativo. De ahí pasa a considerar el pasaje bíblico que narra el encuentro de Jesús con Marta y María (Lc. 10:38-42). Correctamente, Sandín relaciona el mensaje de este texto con la parábola del Buen Samaritano (Lc. 10.25-37), la cual precede al pasaje que nos ocupa.

El sermón termina con una larga ilustración donde Sandín compara el amor de Dios hacia la humanidad con el romance entre un rey y una princesa.

Podríamos decir que este es un sermón de "preguntas y respuestas", dado que la mayor parte de sus secciones comienzan con una pregunta (implícita o explícita) y proceden a contestarla.

Crítica bíblica y teológica

La historia de la visita de Jesús al hogar de Marta y María es un texto difícil de interpretar. En primer lugar, es difícil de interpretar porque hemos escuchado muchos sermones que presentan perspectivas equivocadas sobre el texto. Por ejemplo, algunos sermones presentan a las hermanas como caricaturas, afirmando que una representa la acción y la otra la reflexión. Otros sermones van en contra de la enseñanza central del texto bíblico, excusando las actitudes de Marta y recalcando la importancia del trabajo doméstico. Sandín se aleja de estas interpretaciones erróneas.

En segundo lugar, hay personas que encuentran este texto ofensivo, dado que narra cómo Jesús "regaña" a una mujer. De hecho, algunas intérpretes afirman que el propósito de este texto es prohibir el liderazgo de la mujer en la iglesia (puesto que en el Nuevo Testamento el verbo griego "diaconeo" quiere decir "servir la mesa" y "ministrar en la iglesia").

Recibimos, pues, con agrado la novedosa interpretación que Sandín nos ofrece en su sermón.

Aspectos pastorales

Para Sandín, el amor es la llave que nos permite "abrir" este pasaje bíblico y explorar su contenido. Vemos tres expresiones del amor en este pasaje. Primero, encontramos el amor filial que une a Jesús, a Marta y a María. Los evangelios demuestran que Jesús tenía una relación muy cercana tanto con Lázaro (que sólo se menciona en el evangelio de Juan) como con sus hermanas. Segundo, el texto recalca el amor a Dios. Las acciones de ambas hermanas demuestran su amor a Dios y a Jesús como profeta de Dios y maestro de la Ley. El texto también nos enseña que hay varias maneras—distintas pero válidas—de expresar ese amor. Tercero, el pasaje habla sobre el amor de Dios. Una de las grandes enseñanzas de este texto es que podemos disfrutar del amor divino con sólo sentarnos a "los pies del maestro". No tenemos que "comprar" el amor de Dios con grandes actos de demuestren nuestra fe.

El acercamiento de Sandín a este texto es pertinente para nuestros días, particularmente para aquellos lectores que venimos de tradiciones que no recalcan la importancia de la contemplación, la meditación, y la oración.

Espiritualidad y fe

Retomando el hilo de la sección anterior, debemos reconocer que la mayor parte de las tradiciones protestantes tienen un acercamiento intelectual a la fe cristiana. El predicador protestante tiende a pedirle al oyente que acepte la veracidad del mensaje cristiano a base de su lógica. Nuestros sermones intentan "convencer" al oyente. En los peores casos, llegar a la fe cristiana se presenta como algo casi mágico. El predicador le pide a la persona que desea hacer profesión de fe que repita una oración después de la cual le dice: "ya eres una nueva criatura".

Sandín nos presenta un modelo homilético más profundo, que no deja de ser sencillo. La persona que llega a la fe cristiana entra en un proceso que debe llevarle a conocer a Dios. Sí, a conocerle más y mejor cada día. Sandín usa la palabra "amistad" para denominar este proceso. La persona que ha creído el mensaje del evangelio aspira a ser "amiga" de Dios. En este sentido, la profesión de fe no es el final del proceso de conversión sino su comienzo. Nuestra meta es, pues, establecer una amistad duradera con Dios..

Preguntas para la reflexión

Analice las actitudes de Jesús ante la mujer. ¿Por qué su amistad rompe las barreras sociales de la época?

• Lea el sermón una vez más. Estudie con cuidado la interpretación que ofrece Sandín del texto bíblico. De ser posible, lea algún comentario sobre este texto bíblico y compare ambas interpretaciones. ¿Cuál cree usted que es más útil para el púlpito hispano?

• Sandín presenta la "amistad con Dios" como un modelo de espiritualidad cristiana. Ser creyente significa, pues, ser amigo o amiga de Dios. ¿Qué cree usted de este modelo? ¿Acaso lo encuentra útil? ¿Cómo lo usaría usted para interpretar su propia vida espiritual?

• Probablemente usted predica o enseña por lo menos ocasionalmente en su iglesia local. ¿Acaso usaría usted el tema de la amistad con Dios como clave para interpretar este texto? ¿Piensa usted que esta imagen podría mejorar la vida espiritual de otras personas en su congregación?

• ¿Cree usted que este texto bíblico tiene un mensaje particular para la mujer cristiana? ¿Cuál?

¿Qué clase de padre es Dios? (¿y qué clase de hijos somos nosotros?)[1] Lucas 15: 11-32

Salva, oh Jehová, porque se acabaron los piadosos ...
Salmos 12: 1

Hoy, además de ser el día de los padres, es mi cumpleaños. Por lo primero, acepto todas las felicitaciones que tengan a bien expresarme y felicito recíprocamente a todos los padres aquí presentes. Por lo segundo, sugiero que guardemos un minuto de silencio.

Hace algunos años, en mi sección del programa radial *Tertulia, hoy,* compartí con los radioescuchas una reflexión sobre el amor paternal. Comencé por cuestionarme que sea inherente en la especie humana el instinto paternal. Hay especies en las cuales tanto la madre como el padre instintivamente comparten el cuidado de las crías. Recuerdo una pareja de periquitos que tenía mi padre, los cuales procrearon dos pichoncitos. Al poco tiempo de empollar las crías, la madre murió. Papi y yo pensamos que de seguro se morirían también los pichones. Para nuestra sorpresa, el padre continuó solito el trabajo de cuidar de sus hijos, y éstos lograron sobrevivir. Ese tipo de instinto, esa predisposición genética a cuidar de los hijos, no se da en todas las especies. Hay especies en las cuales el padre tiende incluso a destruir a sus crías. Mi pregunta era: en la especie humana, ¿hay tal cosa como instinto paternal?

---

[1] Publicado anteriormente en mi libro *Consejos del tío Pedro y otros ensayos sermoneros* (San Juan: Publicaciones Puertorriqueñas, 1998), 121-28.

Debo confesar que, en mi opinión, los hombres no tenemos instinto de paternidad; que el amor de padre no está inscrito en nuestro código genético como está inscrita la capacidad de vuelo en el código genético del ruiseñor. El amor de padre, por el contrario, es producto de nuestra decisión de reconocer a la criatura como nuestro hijo y de permanecer al servicio de sus necesidades de cuidado y de afecto.

Hoy me pregunto qué clase de padre es Dios. Todo lo que nos dicen de Dios la teología y la tradición cristianas nos hace pensar que la paternidad de Dios, a diferencia de la nuestra, es parte esencial de su propia naturaleza. Ese misterio insondable de pluralidad y unicidad que es la Santísima Trinidad nos dice que Dios es Padre en su misma esencia. Dios es padre por definición porque Dios es amor por definición. El amor de Dios por sus hijos es de tal naturaleza y de tal intensidad, que no basta la metáfora de la paternidad para hablar de ese amor. Es por eso que algunos teólogos hablan también de la maternidad de Dios; no en aras de faltarle el respeto a Dios, como podrían pensar algunos — como si la metáfora de la madre pudiese ser una falta de respeto — sino en ánimo de enriquecer lo que de Dios nos dice la metáfora de la paternidad. Porque, después de todo, de Dios sólo podemos hablar por medio de imágenes y de metáforas. Es insuficiente el lenguaje humano para hablar de Dios en su esencia misma.

En el evangelio de Juan, capítulo 14, versículos 7 y 11, leemos las siguientes palabras de Jesús: "Si me conocieseis, también a mi Padre conoceríais; y desde ahora le conocéis, y le habéis visto... Creedme que yo soy en el Padre, y el Padre en mí; de otra manera, creedme por las mismas obras." Es decir, si queremos conocer a Dios, ha de ser por medio del hijo que le conozcamos. No hay mejor fuente de conocimiento sobre el Padre que Jesús. En este sentido, el mejor fundamento para contestar mi pregunta sobre qué clase de padre es Dios es el testimonio de Jesús mismo según lo encontramos en los evangelios.

La conducta y las palabras de Jesús nos hablan de Dios y, entre otras cosas, nos revelan la paternidad de Dios. Pero, al acudir a los evangelios con la intención de trazarnos un retrato de Dios, nos llevamos muchas sorpresas.

Yo no sé ustedes, hermanas y hermanos, pero no logro leer los evangelios sin sorprenderme. Una y otra vez, en mis devociones diarias, leo la Escritura, las más de las veces con la ayuda del *Aposento Alto*, y me sorprendo de lo que nos dice sobre la vida, sobre Dios y sobre nosotros mismos.

Si tomamos, como ejemplo, el evangelio de Marcos, que es el más breve y escueto, vemos desde el primer capítulo esa conducta sorpresiva de Jesús que tanto nos dice sobre Dios mismo. A la hora de buscar discípulos, Jesús comienza por escoger pescadores. Habría podido escoger sus discípulos entre las personas más cultas y educadas de la comunidad. Habría podido escogerlos entre los ricos y poderosos; pero escogió pescadores. Quizás ya no seamos capaces de percibir el escándalo de esa acción de Jesús; nosotros que nos acercamos al misterio de la encarnación como se acerca uno a lo obvio. Pero los evangelios están llenos de ese tipo de sorpresas para quienes son capaces de escuchar la buena nueva con oídos frescos.

A paso seguido, todavía en el primer capítulo de Marcos, Jesús sana a muchas personas en el día de reposo. Y dice la Palabra que los espectadores "se admiraban de su doctrina" (1:22). No ha terminado aún el primer capítulo del evangelio y Jesús toca a un leproso con sus manos y lo sana. En el segundo capítulo, sigue aumentando el escándalo cuando Jesús escoge a Mateo, un recaudador de tributos, como discípulo, y come abiertamente con los publicanos y los pecadores. Ante las preguntas escandalizadas de los fariseos, Jesús responde: "Los sanos no tienen necesidad de médico, sino los enfermos. No he venido a llamar a justos, sino a pecadores" (2:17).

Así sigue la cosa. Todavía dentro de los límites del segundo capítulo de Marcos, los discípulos de Jesús recogen espigas en el día de reposo (2: 23-28). En el capítulo tres, Jesús continúa su desafío de las leyes religiosas sanando al hombre de la mano seca también en el día del reposo. En el capítulo nueve, ante la discusión de los discípulos sobre quién debía ser considerado el mayor, Jesús toma a un niño, lo pone en medio de los discípulos y afirma que el que reciba a un niño como ése en su nombre, a él recibe y, por ende, al Padre recibe. En el capítulo 12, a la pregunta de los escribas sobre cuál era el mayor de los mandamientos, Jesús ofrece su célebre respuesta sobre el amor, esa ley de oro que si fuera la única que obedeciéramos bastaría para resolver todos los conflictos del mundo.

Pero no se trata sólo del testimonio de Marcos, como ustedes bien saben porque son lectores de la Biblia. No me alcanzaría el tiempo para hacer el inventario de todos los pasajes en los cuales la conducta no ortodoxa y controvertible de Jesús nos revela a un Dios que nos sorprende y deslumbra por su compasión con los pecadores y los débiles y, a la vez, por su impaciencia con la gente supuestamente buena. Baste recordar en Lucas el hermoso pasaje del capítulo 7: 36ss, donde vemos a Jesús en casa de Simón el fariseo, aceptando el homenaje de una mujer pecadora. O la parábola del rico y Lázaro, en Lucas 16: 19ss, que parecería decirnos aún hoy, que quizás se salven esos mendigos que nos esperan todos los domingos a la salida del templo antes que algunas personas cuya compañía nos parece mucho más agradable. O la parábola del fariseo y el publicano, en Lucas 18: 9-14. O ese otro pasaje extraordinario en Juan 8: 1-12 donde Jesús intercede a favor de la mujer adúltera para evitar que los «justos» la maten a pedradas.

Todos los pasajes que he mencionado, y tantos otros que podríamos recordar, nos hablan de Jesús, nos relatan sus actos o sus palabras y, por ese medio, nos revelan al Dios encarnado en Jesús. Sin embargo, para responder a la pregunta sobre la clase de padre que es Dios, no hay quizás mejor testimonio bíblico que la parábola del Hijo perdido, en Lucas 15: 11-32. Veamos:

> También dijo: Un hombre tenía dos hijos; y el menor de ellos dijo a su padre: Padre, dame la parte de los bienes que me corresponde; y les repartió los bienes. No muchos días

después, juntándolo todo el hijo menor, se fue lejos a una provincia apartada; y allí desperdició sus bienes viviendo perdidamente. Y cuando todo lo hubo malgastado, vino una gran hambre en aquella provincia, y comenzó a faltarle. Y fue y se arrimó a uno de los ciudadanos de aquella tierra, el cual le envió a su hacienda para que apacentase cerdos. Y deseaba llenar su vientre de las algarrobas que comían los cerdos, pero nadie le daba. Y volviendo en sí, dijo: ¡Cuántos jornaleros en casa de mi padre tienen abundancia de pan, y yo aquí perezco de hambre! Me levantaré e iré a mi padre, y le diré: Padre, he pecado contra el cielo y contra ti. Ya no soy digno de ser llamado tu hijo; hazme como a uno de tus jornaleros. (Lucas 15: 11-19)

Conocemos la historia. El padre corre a encontrarse con su hijo en el camino y lo recibe con los brazos abiertos.

¿Qué clase de padre es Dios? Es un padre que no puede esperar nuestro regreso, sino que se lanza al camino para encontrarnos allí, abrazarnos, perdonarnos y recibirnos de vuelta en el hogar. Es un padre que tira la casa por la ventana para celebrar en grande nuestro regreso al hogar. Es un padre que no tiene en cuenta nuestras faltas, una vez las confesamos, sino que nos perdona de una manera absoluta, tal y como si lanzase nuestros pecados al mar profundo para ya nunca más volverse a acordar de ellos. Es un padre que nos invita a descansar en su gracia redentora y restauradora, gracia que ningún acto nuestro, por noble que sea, es capaz de merecer.

Hace algunos años, poco después de mi regreso a Puerto Rico, tuve una experiencia que me ayudará a hablarles de la clase de padre que es Dios. Absorbido por mis responsabilidades profesionales y domésticas, yo sentía que no estaba haciendo nada por contribuir a resolver todos esos problemas sociales que nos aquejan. El sentimiento de culpa que fui desarrollando llegó a rayar en lo enfermizo. Me sentía atormentado por lo que percibía como mi insuficiencia y falta de compromiso.

De regreso a casa una tarde, venía apesadumbrado por la culpa, desesperado por lo lejos que me sentía de merecer el amor de Dios. De repente, yo que no soy dado a las experiencias místicas, sentí en lo profundo de mi corazón que Dios me decía "¡Descansa en mí!". Comprendí que Dios no quería que yo tratara de merecer su amor, porque su amor es totalmente gratis, sino que dejara que ese amor transformara mi vida. Podía descansar en mi Padre, porque la obra sería suya.

¿Qué clase de padre es Dios?

Pero, hermanos, la pregunta sobre la clase de padre que es Dios, tiene otra pregunta como corolario: ¿qué clase de hijos somos nosotros?

En el pasaje de Lucas que citamos arriba hay dos hijos; el hijo perdido que regresa al hogar y el hijo bueno que nunca se había apartado de la casa del padre. Todos conocemos la manera como el hijo bueno reacciona ante el regreso de su hermano; conocemos los celos aparentemente justificados con que resiente las expresiones de júbilo y de afecto del padre por el regreso del hijo perdido.

La verdad es que no es fácil comprender al padre de esta parábola. Lo que es más, es muy probable que tanto ustedes como yo nos identifiquemos con el hijo bueno y pensemos, aunque no nos atrevamos a confesarlo, que el padre de esta parábola no es justo. Nosotros también nos preguntamos, "Padre ¿cómo es posible?" Padre, ¿cómo es posible, si yo hace treinta años que estoy en los caminos del evangelio y ése llegó los otros días? Padre, ¿cómo es posible, si yo he guardado tus mandamientos y aquélla es una pecadora? Padre, ¿cómo es posible, si yo me conozco la Biblia de memoria y aquél no sabe siquiera dónde está el Génesis? Padre, ¿cómo es posible, si yo soy tan moral y aquél es gay? Padre, ¿cómo es posible, si yo soy evangélico desde hace veinte años y aquélla es católica? Padre, ¿cómo es posible, si yo no fumo ni bebo y a aquél lo vi con un cigarrillo entre los dedos? Padre, ¿cómo es posible?

¿Qué clase de padre es Dios y qué clase de hijos somos nosotros? ¿De dónde sale esta lógica extraña del padre de Jesús? ¿A cuenta de qué tanta compasión hacia los pecadores y tan poca para nosotros que nos creemos tan buenos? No es fácil de entender ese Dios, hermanas y hermanos. Sería mucho más fácil de comprender si se dejase llevar por nuestro sentido de lo que es justo y de lo que es correcto.

Hace algún tiempo, escuché a alguien en la Universidad citar al gran reformador Martín Lutero: "Santo es aquel que sabe que todos sus actos son egoístas". Les confieso que de primera intención no comprendí lo que podía significar esa cita. Me pareció totalmente extraña, hasta cínica. Sin embargo, se me quedó grabada en la mente y me siguió rondando el entendimiento como es la costumbre de las palabras profundas. No quiso esa cita ocupar el lugar del olvido que ocupan tantas otras palabras que escuchamos a diario. Y fue sólo una mañana mucho después, mientras hacía mis devociones diarias y reflexionaba sobre esta homilía, que las palabras de Lutero volvieron a pasearse por mi mente y cobraron de súbito sentido. Sentí que Dios me había permitido escucharlas hace un mes precisamente para que pudiese hoy compartirlas con ustedes.

¿Cuál es, en efecto el error del hijo bueno? ¿Cuál es en efecto el error del fariseo? ¿Cuál es en efecto nuestro error al leer la parábola del hijo perdido y solidarizarnos con el hijo bueno? El error es, hermanos y hermanas, desconocer precisamente que santo es aquel que sabe que todos sus actos son egoístas. El error es creernos que hay hijos buenos, que nosotros somos el hijo bueno. Porque la verdad profunda es que sólo hay hijos pródigos, que todos somos hijos perdidos y que nuestra salvación estriba en reconocer precisamente nuestra condición de pecadores y remitirnos a la gracia y al amor de Dios. Está tan lejos la santidad de Dios de nuestra condición humana que sólo reconociéndonos como pecadores y remitiéndonos a la gracia restauradora de Dios podremos aspirar a la salvación. Eso es lo que significa levantar la mano y aceptar a Jesús como nuestro Señor y Salvador. Nada más.

Aconteció que estando Jesús a la mesa en casa de (Leví), muchos publicanos y pecadores estaban también a la mesa juntamente con Jesús y sus discípulos... Y los escribas y los fariseos, viéndole comer con los publicanos y con los pecadores, dijeron a los discípulos: ¿qué es esto que él come y bebe con los publicanos y pecadores? Al oír esto Jesús, les dijo: Los sanos no tienen necesidad de médico, sino los enfermos. No he venido a llamar a justos sino a pecadores (Marcos 2:15-17).

¿Comprenden, hermanas y hermanos? Los sanos, los justos no tienen necesidad de médico, no tienen necesidad de Jesús. Pero la pregunta que se impone inmediatamente es quiénes son los sanos y los justos. Lo que nos dice Lutero es que ninguno es sano, ninguno justo. Por eso nos dice Pablo, en su carta a los Romanos, que "no hay justo, ni aún uno" (Romanos 3:10), porque "por las obras de la ley ningún ser humano será justificado delante de (Dios)" (Romanos 3: 20). El error del hijo bueno, el error del fariseo es que han olvidado su condición verdadera de hijos pródigos, así como nuestro error puede ser olvidarnos de que cada uno de nosotros, también, llegó a la casa del Señor como hijo pródigo, y creernos que, porque llevamos algún tiempo en estos atrios de bendición, ya no necesitamos de médico alguno.

Identificarnos con el hijo bueno es creer que ya no necesitamos a Jesús. Por eso no hay evangelio ni buena nueva en la parábola del hijo bueno. La buena nueva se encuentra en la parábola del hijo perdido porque sólo ella describe la condición real y verdadera de cada uno de nosotros.

¿Qué clase de padre es Dios y qué clase de hijos somos nosotros?

Para mis hijos, Alexa, José y René

Comentario sobre el sermón "¿Qué clase de padre es Dios y qué clase de hijos somos nosotros?"

Método homilético

Este sermón nos ofrece un buen ejemplo de un tipo de sermones poco discutido por los manuales de predicación: el sermón de ocasiones especiales. Este es el tipo de sermón que se predica en ceremonias tales como bodas, funerales y bautismos. También se predica en días tales como navidad, acción de gracias, y fiestas patrias.

El sermón de ocasiones especiales propone una reflexión bíblica y teológica sobre el evento o la festividad que se está celebrando. En este caso, tenemos un sermón preparado para el día de los padres. Comienza con una jocosa introducción y con una discusión de los instintos paternales de los hombres. El cuerpo del sermón se divide en dos partes. La primera habla de la paternidad, destacando el amor de nuestro padre celestial. La segunda analiza la respuesta humana al amor de Dios, preguntando qué clase de hijos somos los seres humanos. El texto que enlaza estas dos secciones es la Parábola del hijo pródigo (Lc. 15.11-22, llamada por Sandín, "la Parábola del hijo perdido"). La conclusión del sermón llama a la audiencia a identificarse precisamente con el hijo perdido.

Crítica bíblica y teológica

Este sermón enlaza tres importantes temas bíblicos y teológicos. El primero es el uso del lenguaje humano para hablar de Dios. Sandín deja claro que el lenguaje humano es limitado y que, por lo tanto, tiene que recurrir al uso de metáforas para hablar de Dios. Cuando llamamos a Dios "padre" estamos usando una metáfora que de ninguna manera implica que Dios sea hombre o que sea varón.

Segundo, habiendo dejado claro que Dios es "padre" sólo en sentido metafórico, Sandín pasa a explorar las implicaciones teológicas de dicha metáfora sobre Dios. Llamar a Dios "padre" es recalcar su amor incondicional por la humanidad perdida.

Por último, Sandín ilustra todas estas ideas teológicas con la Parábola del hijo pródigo (Lc. 15:11-32). En este caso, el predicador compara a Dios con el padre misericordioso y perdonador. Los dos hijos—el "bueno" y el "perdido"—representan a la humanidad. El primero representa a la persona que se cree justa, tanto así que se siente con derecho de juzgar a los demás. El segundo representa a la humanidad en su condición de pecado.

Aspectos pastorales

Los sermones de ocasión son inherentemente pastorales. Los mismos se ofrecen con el propósito de interpretar teológicamente un evento importante en la vida de la iglesia. En este caso, el predicador—a pesar de ser una persona laica—ofrece perspectivas pastorales sobre la paternidad divina y humana.

Habiendo dicho esto, debo indicar que encuentro aún más valiosa la sección donde Sandín habla sobre la humanidad, como hija de Dios. El predicador confiesa con y por nosotros que la iglesia ha perdido su amor por el mundo. Somos como el hijo "bueno", que se enoja cuando el "perdido" encuentra el camino a Dios.

Esta confesión de pecado nos debe llevar a pensar sobre la misión de la iglesia cristiana hoy día. ¿Hasta qué punto está la iglesia cumpliendo con la encomienda de amar y restaurar a una humanidad perdida? ¿Hasta qué punto estamos echando y manteniendo fuera de la iglesia a las personas que más necesitan escuchar el mensaje del evangelio? Nuestro deber es imitar al padre misericordioso, no al hijo que se creía bueno.

Espiritualidad y fe

En este sermón hay dos elementos que recalcan la importancia de la espiritualidad cristiana. El primero viene en la ilustración donde Sandín confiesa haber sentido o escuchado la voz de Dios diciéndole "descansa en mi". Para aquellos que no conocen al autor, podría parecer extraño escuchar a un académico de tan altos vuelos hablar de esta manera. Por un lado, cometemos el error de pensar que la razón—representada en las labores académicas—está divorciada de la espiritualidad. Por otro lado, la psicología considera el escuchar "voces del cielo" como un síntoma de trastorno mental. Sin embargo, aquellos que conocemos bien a Sandín y nos llamamos sus amigos podemos dar fe de la forma como ha integrado y continúa integrando la fe y la razón. Sin quererlo, el predicador se presenta a sí mismo como un buen modelo a seguir.

El otro elemento que deseamos recalcar es precisamente la humildad espiritual que caracteriza este sermón. "Santo es aquel que sabe que todos sus actos son egoístas", dice la cita atribuida a Lutero. Esta confesión de pecado debe darnos pausa. En fin, el "hijo perdido" nos representa a todos.

Preguntas para la reflexión

• Aunque el sermón de ocasión especial es una forma homilética usada regularmente, pocos manuales de predicación explican cómo se debe preparar. ¿Qué podemos aprender del modelo que nos ofrece Sandín? ¿Acaso puede ayudarnos a mejorar nuestros propios sermones de ocasión especial?

• El sermón afirma que la revelación divina se dirige principalmente a la persona pobre, perdida y pecadora. ¿Acaso nuestras iglesias dirigen sus esfuerzos misioneros hacia las personas más pobres y necesitadas de nuestra comunidad? ¿Por qué? ¿Qué debemos hacer para renovar nuestra actividad misionera?

• La Parábola del hijo perdido compara a Dios con un padre amoroso que recibe con alegría al hijo que, habiendo estado "muerto" en el pecado, hoy vuelve al seno del hogar. Consideremos por un momento esta imagen de Dios. ¿Es este el Dios que se predica regularmente desde nuestros púlpitos? O, por el contrario, ¿estamos predicando un "dios falso" que se deleita al castigar a la persona pecadora?

Los Autores

Dr. Pedro A. Sandín Fremaint

Pedro A. Sandín Fremaint es Catedrático en el Departamento de Lenguas Extranjeras del Recinto de Río Piedras de la Universidad de Puerto Rico. Es Director Asociado, además, del Centro de Excelencia Académica del Recinto de Río Piedras, organismo dedicado a promover las mejores prácticas de enseñanza-aprendizaje entre los profesores de la Institución. Pedro posee una M.S. en francés de Georgetown University, una M.A.R. del Seminario Evangélico de Puerto Rico y un Ph.D. en teología y literatura de Emory University. Colabora con el Seminario Evangélico de Puerto Rico como Profesor Adjunto y Consultor en Asuntos Académicos. Es miembro de la Primera Iglesia Bautista de Caguas. Pedro es autor de *A Theological Reading of Four Novels by Marie Chauvet: In Search of Christic Voices* (San Francisco: Mellen, 1992), *Cuentos y encuentros: hacia una educación cristiana transformadora,* 2ᵈᵃ ed.(Kitchener, ON: Pandora Press, 2001) y de *Consejos del tío Pedro y otros ensayos sermoneros* (San Juan: Publicaciones Puertorriqueñas, 1998), además de múltiples artículos en revistas académicas y de educación cristiana. Pedro y su esposa, Ana I. Álvarez, tienen tres hijos: Alexandra Nicole, José Daniel y René Gabriel.

Rev. Dr. Pablo A. Jiménez

Pablo A. Jiménez es un ministro ordenado de la Iglesia Cristiana (Discípulos de Cristo) [ICDC]. Nacido en Nueva York, se crió en Puerto Rico donde ha servido como pastor, director del Instituto Bíblico ICDC "Juan Figueroa Umpierre" y coordinador para asuntos curriculares de la ICDC en Puerto Rico. Fuera de Puerto Rico, Pablo ha servido como misionero, administrador y profesor. Cuenta con varios grados académicos, incluyendo un Doctorado en Ministerio del Columbia Theological Seminary. Pablo se ha destacado como profesor de predicación, enseñando en escuelas teológicas tales como el Seminario Evangélico de Puerto Rico, Northern Baptist Theological Seminary y el Episcopal Theological Seminary of the Southwest, entre otras. También ha publicado libros, ensayos académicos, lecciones de escuela bíblica dominical y cuentos cortos. Pablo fue el editor fundador de "El Discípulo", la revista de escuela bíblica dominical de la ICDC en Puerto Rico. Actualmente, Pablo es el Pastor Nacional para Ministerios Hispanos de la Iglesia Cristiana (Discípulos de Cristo) en los Estados Unidos y Canadá. Pablo está casado con Glorimar Camareno y tiene dos hijos, Antonio José y Paola Margarita.